죄책감 내려놓기

자신의 가슴을 짓누르는 돌하나가 있다면

모스그린
Moss Green

자책을 털어버리고

다시

마음의 평화를

찾기를

차례

3부 죄책감이 드는 전형적인 상황들

오늘부터 나는 무슨 짓을 하건
죄책감 없이 할 것이다.
죄책감이 드는 짓은 아예 안 할 것이다.

- 옌스 코르센

　　죄책감이라면 나도 어릴 적부터 친했던 동무이다. 당신
도 어떤 형태건 죄책감이란 주제에 끌렸을 것이다. 스스로
죄책감으로 괴로워하고 있건, 그저 죄책감이 어떻게 생기고
어떤 영향을 미치는지 알고 싶은 호기심 때문이건 죄책감에
매력을 느꼈기에 이 책을 선택했을 것이다.

　　사실 죄책감을 전혀 못 느끼는 사람은 극소수에 불과하
다. 우리의 목표 역시 죄책감을 우리 인생에서 아예 몰아내
자는 것이 아니다. 우리는 앞으로도 살면서 연신 죄책감을
느낄 것이다. 다만 나는 이 책으로 당신에게 더 많은 자유
를 선물하고 싶다. 죄책감을 느낄 것인지 말 것인지는 오직

당신의 결정이니까 말이다. 당신은 이 책을 통해 어떻게 하면 죄책감에서 해방될 수 있으며 그것을 뉘우침으로 바꿀 수 있을지 배우게 될 것이다.

그러자면 무엇보다 자신의 생각 과정을 한 번 점검해보자는 다짐이 필요하다. 특히 죄책감과 관련하여서는 이 책에서 내가 무슨 말을 할 때마다 분명 "그렇기는 하지만……"이라는 반발의 마음이 생길 것이다. 나는 당신의 죄책감을 제거할 수도 없고 그러지도 않을 것이다. 나는 당신을 설득할 수도 없고, 당신의 죄책감이 옳은지 아닌지 판단할 권리가 내게 있는 것도 아니다. 그건 오로지 당신의 결정이다. 그러니 이 책을 끝까지 읽고 당신이 이 책의 내용들을 일부나마 자신의 삶에 적용할지 차분히 결정해보자.

이 책에서 기대할 수 있는 것

이 책은 3부로 나누어진다.

1부는 죄책감은 어떻게 생기고, 우리는 보통 그 죄책감에 어떻게 대처하며, 어떤 장애물이 죄책감 해소를 가로막는지 알아볼 것이다. 또 어떤 잘못된 생각이 죄책감을 불러오고, 어떤 사람들이 특히 죄책감에 취약한지도 살펴볼 것이다.

2부는 죄책감 해소에 유익한 전략을 배울 것이다. 앞으로 어떻게 해야 죄책감을 예방할 수 있을지도 배워볼 것이다.

3부는 내가 만난 많은 환자들의 인생사를 들려줄 것이다. 우리가 흔히 죄책감으로 반응하거나 자책하게 되는 전형적인 상황들을 만날 수 있기 때문이다. 더불어 앞으로 죄책감을 예방할 수 있는 몇 가지 도움말도 들려줄 것이다.

마지막으로는 이 책의 내용 중에서 가장 중요한 것들을 골라 다시 한 번 요약정리하였다.

책을 읽는 방법

먼저 전체를 처음부터 끝까지 한 번 읽으면서 전체적인 내용을 파악하고, 이 책에서 알려준 대로 죄책감을 해소하기 위해 노력할 것인지 고민한다.

죄책감을 털어내자고 결심했다면 다시 한 번 책을 꼼꼼히 읽는다. 이번에는 중요한 구절에 줄을 긋거나 별도로 뽑아 노트에 옮겨 적는다. 노트에는 이해가 안 되는 부분이나 훈련법도 같이 기록한다. 심리치료를 받고 있거나 셀프헬프 그룹에 참여하고 있다면 그곳에서 그 문제를 주제로 토론을 해볼 수도 있을 것이다.

이 책을 읽어도 도저히 죄책감에서 헤어 나올 수가 없고 자꾸만 "그래, 그렇지만 나는 여기에 해당되지 않아."라는 생각이 든다면 심리치료를 권하고 싶다. 당신은 지금 보다 강력한 지원이 필요하다. 계속 자살 생각이 들거나 우울증이 심한 경우에도 반드시 심리치료를 받아야 한다.

당신의 가슴을

짓누르는

돌 하나가

있다면

1부

원인과 관계

1

죄책감의 뿌리

죄책감을 털어버리기 위해서는 먼저 죄책감과 후회의 특징이 무엇이며 그것이 어떻게 생기는지를 알아야 할 것이다. 그걸 모르는 사람이 어디 있어요? 아마 당신은 지금 이렇게 생각할지도 모르겠다. 맞다. 대부분의 사람들은 죄책감이 왜 생기는지 안다고 생각한다. 가령 규칙을 어겼을 때, 혹은 남에게 상처를 줬을 때 죄책감이 생긴다고 생각한다. 하지만 똑같은 상황에서도 죄책감을 안 느끼는 사람들이 있다. 왜 그럴까? 그렇다면 우리의 생각이 틀린 것은 아닐까?

 **1.1**

죄책감과 후회는 무엇일까?

H. 씨는 방금 전화를 끊었다. 친구가 집을 보러 가는 데 같이 가 달라고 부탁 전화를 했다. 내심 갈등은 했지만 결국 그녀는 급한 일이 있다고 둘러대고 친구의 부탁을 거절했다. 너무 피곤해서 집에서 쉬고 싶었던 것이다. 그런데 막상 전화를 끊고 나니 내내 마음이 편치가 않았다. 친구가 오랜만에 부탁을 했는데 너무 내 생각만 한 게 아닐까? 죄책감이 밀려들었다.

아마 당신도 그런 경험이 있을 것이다. 자기 욕구를 위해 남의 청을 거절하고 마음이 편치 않았던 순간이 있을 것이다. 거절을 하고는 계속 잘못한 게 아닐까 고민했을 것이다. 그렇다면 당신은 죄책감이 어떻게 생기는 것인지 잘 알 것이다. 하지만 처음으로 돌아가 다시 물어보자. 대체 죄는 무엇이고 죄책감이란 무엇인가? 국어사전을 찾아보면 죄는 "양심이나 도의에 벗어난 행위"라고 적혀 있다. 또 법에서는 법을 어기는 행위를, 종교에서는 교법敎法, 계명, 계율을 어기는 행동을 죄라고 부른다. 누가 원칙을 정하느냐에 따라 죄의 결과도 달라진다. 국가의 법을 위반하면 입법자가 정한 벌을 받아야 한다. 심한 경우 목숨을 내놓아야 할 때도 있다. 종교의 법을 어기면 그 종교가 정한 벌을 받게 될 것이다. 주변 종교인들의 손가락질을 받을 것이고 내세에 천국에 들지 못한다고 믿게 될 것이다.

죄책감은 "저지른 잘못이나 죄에 대하여 책임을 느끼거나 자책하는 마음"을 말한다. 그것은 우리 마음에서 일어나는 일이기에 밖에서는 마음대로 할 수가 없다. 더구나 죄책감을 느끼려면 우선 어떤 행위가 잘못이라는 인식이 있어야 한다. 무엇이 옳은 행동인지, 옳지 않은 행동인지를 구분할 줄 알아야 하고 부당한 행동을 했다는 인식이 있어야 하는 것이다. 죄책감은 흔히 '양심의 가책'이라는 말과 같은 뜻으로 쓰인다. 죄와 죄책감이 항상 붙어 다니는 것은 아니다. 어떤 사람은 죄를 짓지 않고도 세상만사에 죄책감을 느낀다. 반대로 사이코패스처럼 중대한 죄를 저질러 놓고도 아무 죄책감을 못 느끼는 사람들도 있다. 이들은 다른 사람들이 보이는 반응을 이해하지 못하고 공감하지 못한다.

죄책감과 후회의 차이

흔히 죄책감과 후회를 같은 감정이라고 생각한다. 하지만 둘 사이엔 큰 차이가 있다.

- 죄책감은 우리의 행동이 틀렸다고 생각하고, 자신을 나쁜 사람이라고 평가할 때 느낀다.
- 후회는 우리의 행동을 틀렸다고 생각하고 안타깝게 여기지만 그 실수를 용서할 때 느낀다. 우리의 행동에 책임감을 느껴 개선이나 회복의 방법을 찾고, 앞으로 같은 실수를 반복하지 않을 길도 모색한다. 죄책감은 우리를 괴롭히고 손발을 꽁꽁 묶고 에너지를 앗아가지만 후회를 느낄 때는 행동에 나설 수 있다. 아직 자존감이 남아 있기 때문이다.

죄책감은 어떻게 표현되나?

죄책감은 다양한 모습으로 나타날 수 있다. 가령 속이 쓰리고 마음이 불안하며, 심할 때는 잠을 잘 못 자고 단 것이 자꾸 당긴다. '양심의 가책'이란 말에서도 알 수 있듯 스스로를 꾸짖고 야단치기 때문이다. 죄책감이 너무 심하면 얼굴에서 웃음기가 사라지고 세상에 대한 관심을 완전히 잃을 수도 있다. 심지어 도저히 못 견뎌서 자살을 하기도 한다. 사람마다 죄책감을 표현하는 특유의 신호가 있다. 죄책감은 이런 모습을 띤다.

감정적으로는

화를 내고 짜증을 부리며 증오심에 불타고 불안에 떨며 체념하고 우울하며 외로움을 느낀다.

신체적으로는

긴장, 초초, 마비, 위장병, 수면장애, 집중력 장애, 기억력 장애, 설사나 변비, 식욕 과잉이나 식욕저하, 심장통증, 저혈압이나 고혈압, 호흡곤란, 두통, 성욕감퇴 등이 일어날 수 있다.

그런 상태가 오래 가면 위궤양, 천식, 습진 같은 심신질환으로 발전할 수도 있다.

행동으로는

죄를 부인하고 다른 이에게 책임을 떠다밀며 다른 이를 비난하고 사람들과 접촉을 끊고, 과도하게 사과를 하거나 자신에게 해로운 행동을 하기 시작하여 술을 마시고 담배를 피우고 과식을 하고 약을 먹거나 오직 일만 하며 필요한 일을 미루고 자해를 하고 강박적인 행동을 보이며 심한 경우 목숨을 끊는다.

이 긴 리스트가 입증하듯 사실 죄책감의 전형적인 특징은 없다. 죄책감은 다양한 감정과 신체 반응, 행동방식으로 표현되기 때문이다. 엄밀히 말하면 죄책감은 불안이나 분노, 슬픔, 기쁨과 달리 진짜 감정이 아니다. 감정이라기보다는 뭔가 잘못을 저질렀다는 생각의 과정이며, 그 후 그것이 감정과 신체 반응으로 나타나는 것이다. 죄책감을 깨닫기가 어려운 이유도 바로 그 때문이다. 많은 사람들이 자신이 죄책감을 느끼고 있다는 사실을 까맣게 모른다. 그냥 기분이 안 좋고 어쩐 일인지 자꾸 일만 하게 된다. 신체 증상이나 자해행동 때문에 병원을 찾았다가 상담을 하는 과정에서 그 원인이 죄책감이라는 사실을 발견하는 환자들도 많다. 또 죄책감이라고 해서 다 같은 죄책감인 것도 아니다. 경우에 따라 강도와 기간이 다 다르다. 가령 생일을 깜빡했다면 몇 분 정도 죄책감을 느끼다 말겠지만 엄마를 요양원에 보냈다면 아마 엄마가 돌아가실 때까지 죄책감에 시달릴 것이다. 또 자동차 사고를 내서 피해자가 죽었다면 죄책감이 극심해 자살을 할 수도 있는 것이다.

우울증 및 강박증과 결합된 죄책감

죄책감은 우울증과 강박증의 부수 현상일 수도 있다.

① 강박적으로 무슨 생각을 반복하거나 어떤 행동을 반복하는 사람은 죄책감에도 더 취약하다. 가령 강박증 환자들은 무슨 일이든 완벽하고 자신이 정한 엄격한 규칙을 반드시 지키며 자기감정을 완벽하게 통제하기를 스스로에게 기대한다. 조금만 실수를 하거나 완벽하지 못해도 큰일이 벌어질 것이라 믿고, 주변에서 일어나는 사건에 대해서도 과도한 책임감을 느낀다. 따라서 자신이 이런 요구에 어긋나는 행동을 할 경우 죄책감을 느낄 것이고 더욱 자신의 행동을 통제할 것이다. 강박적 행동은 최대한 죄책감을 줄이기 위한 그들 나름의 수단이다.

② 죄책감을 느끼는 사람들은 우울할 때가 많다. 자신의

행동을 단죄하고 스스로를 열등한 인간, 실패한 인간이
라 생각한다. 실수를 회복할 수 있다는 생각을 하지 못
한다.

# 1.3

우리의 죄책감은 어떻게 생겨날까?

우리는 이 책을 읽고 우리를 괴롭히는 죄책감을 극복하는 방법을 배우려 한다. 그러자면 먼저 죄책감이 어떻게 생기는지부터 알아야 한다. 그래야 죄책감을 다 털어 내거나 조금이나마 줄일 방법을 고민할 수 있을 것이다. 죄책감의 뿌리를 찾기 위해선 다시 어린 시절로 돌아가야 한다.

우리는 죄책감을 안고 태어난 것이 아니다. 그저 죄책감을 느낄 수 있는 능력을 타고났을 뿐이다. 그리고 우리 마음에서 죄책감을 만들어내는 그 능력을 부모, 학교, 사회로부터 배웠다. 아마 어린 시절 다들 이런 말을 듣고 자랐을 것이다.

"고맙습니다! 해야지. 인사 안 하면 엄마 창피해."

"뽀뽀 안 해주면 엄마 울 거야."

"애들은 그런 거 하면 안 돼요. 아우 창피해라!"

"방청소 안 하면 아빠가 미워할 거야."

"고마운 줄을 알아야지. 엄마 아빠가 이렇게 널 위해 애를 쓰

는데 그딴 식으로 행동해서 되겠어?"

"너 때문에 아빠가 어제 한 숨도 못 주무셨다."

"엄마를 저렇게 속상하게 하다니 넌 나쁜 애야."

"너 때문에 내가 내 명에 못살겠다."

"너 때문에 화병 나겠다."

"착한 어린이는 짜증내면 안 되고, 거짓말하면 안 되고, 방청소 잘하고, 친구 때리면 안 되고, 어른 말씀하시는 데 끼어들면 안 되고, 부모님 걱정시키면 안 되고, 약속 잘 지키고, 어른 말씀 잘 들어야 해. 안 그러면 나쁜 어린이야."

아마 당신도 기억이 날 것이다. 어린 시절 저렇게 야단을 맞을 때면 어떤 기분이 들었는가? 나도 기억이 생생하다. 부모님이 아무리 '설교'를 하셔도 오빠와 나는 하지 말라는 짓을 기어이 하고야 말았지만 그리고 나면 항상 양심의 가책을 느꼈고 야단을 맞지 않으려고 궁색한 변명을 짜냈다. 아마 당신도 야단을 맞고 나면 죄책감이 들었을 것이다. 우리 모두는 부모님에게 사랑받고 싶고 부모님의 마음을 아프게 하고 싶지 않기 때문에 야단을 맞고 나면 자신이 잘못했다고, 자신이 나쁘다고 느낀다. 우리 부모들은 죄책감을 교육의 수단으로 이용한다. 그래서 아이들에게 쉬지 않고 이런 메시지를 전달한다.

"우리가 원하는 대로 행동하지 않으면 널 미워할 거야. 그럼 우리 마음이 아플 것이고, 그건 다 네 탓이야. 우리에게 사랑받을 수 있는 유일한 방법은 우리가 가르치는 대로 행동하는 거야. 그래야 착한 아이고 죄를 짓지 않는 거야."

꼭 말로 표현해야 하는 건 아니다. 부모가 아이의 눈길을 피하고, 인상을 구기고, 책망하는 눈빛으로 바라보고, 뒷목을 잡는 것으로 충분하다. 아이들은 동작, 표정, 시선, 자세, 목소리 같은 비언어적 신호에 매우 민감하다. 거부당했다는 기분이 들거나 중요한 사람에게서 부정적인 반응을 목격할 때면 아이는 금방 자신이 잘못을 저질렀다고 느끼게 된다. 그렇게 우리는 결국 어른들의 부정적 반응이 겁나서 우리가 너무도 바라는 것을 하지 못하게 되고, 설사 하더라도 죄책감으로 자신을 벌하게 되는 것이다.

아이들은 이런 가르침을 순식간에 배운다. "나쁜 짓이나 금지된 짓을 하면 난 사랑받을 가치가 없는 나쁜 사람이므로 자신을 단죄하고 부끄러워해야 해." 아이들에겐 아직 부모님의 말을 비판할 능력이 없기 때문에 부모님의 야멸찬 말들도 그대로 받아들인다. 타인의 바람과 기대는 항상 들어주어야 한다고 배운다. 그렇게 하지 않으면 거절당하거나 비난받을 것이다. 그걸 좋아할 사람이 어디 있겠는가? 이렇게 하여 대부분의 아이들이 주변 사람들의 의견에 목을 매는 불안한 인간으로 성장한다. 그런 아이들은 나중에 어른이 되어서도 다른 이들을 실망시키거나 아프게 했다고 느끼는 순간이면 여지없이 그놈의 죄책감에 시달린다. 혹은 타인의 규칙이나 기대에 어긋나는 행동을 하고서도 그 책임을 거부한다. 실수를 인정하기가 어려운 것이다. 그건 다 남들의 탓이거나 운명 탓이거나 상황 탓이다.

지금까지 배운 내용을 정리해보면 다음과 같다.

1. 아이가 어떤 행동을 한다.

부모가 말한다. "그러면 안 돼. 잘못했어. 너 때문에 속상해. 넌 나쁜 아이야. 미워." 부모는 비언어적 신호로 거부와 비난을 표현한다.

2. 아이는 태도를 배운다.

내가 잘못했으니 벌을 받아 마땅해. 난 나쁜 아이야. 다른 사람에게 상처를 줬으니 난 몹쓸 아이야.

3. 아이는 잘못된 행동을 피하고 남에게 상처 주지 않으려 노력한다.

혹시 그런 행동을 하더라도 양심의 가책을 느끼며, 죄책감으로 스스로를 벌한다.

부모나 보호자가 아이에게 중요한 사람일수록 아이는 죄책감에 더 취약하다. 시간이 흐르면 아이는 거절과 죄책감이 무서워 보호자의 규칙에 어긋날 수도 있을 행동은 미리 알아서 피하게 된다. 부모의 규칙을 인생의 기준으로 삼을 것이고 부모가 보기에 옳은 일만 할 것이다. 자신의 욕망과 바람에 귀기울이지 못한 채 바깥만 향하게 되는 것이다. 부모가 보기엔 교육이 매우 성공적으로 끝이 났다. "아이가 한심한 생각을 하지 않으니 다 자랐다."라고 부모는 흡족해할 것이다. 혹시 부모의 생각을 거역할 경우엔 아이 스스로가 죄책감과 자기 멸시로 스스로를 벌할 테니 말이다.

자식 키우느라 고생하시는 부모님들께 비난의 화살을 돌리려는 것은 아니다. 부모는 항상 자식을 위해 최선을 다한다고 확신한다. 실제로 부모는 자식을 책임감 있는 성숙한 어른으로 키우기 위해 최선의 노력을 기울인다. 그리고 아이들이 생명을 지키고 이 사회에 자리를 잡기 위해선 수많은 규칙이 필요하다. 또 대부분의 부모는 비슷한 방식으로 자신들을 가르친 자기 부모의 교육방식을 그대로 답습한다. 하지만 안타깝게도 죄책감을 이용한 교육은 효과적인 교육방식이 아니다. 아이들은 규칙의 의미를 이해하지 못하고 특정 행동을 하는 것이 자신에게 더 유익하다는 사실을 깨닫지 못한 채 그저 결과가 두려워 규칙을 따르게 된다.

어른의 죄책감은 어떻게 생기나?

이제 당신은 이렇게 생각할 수도 있다. "우리는 어른이니까 달라. 스스로 규칙과 원칙을 정하고 우리가 원하는 대로 행동할 수 있어." 하지만 안타깝게도 인간의 학습과정은 그렇게 흘러가지 않는다. 일단 우리 머리에 장착된 규칙과 기준은 쉽게 지울 수가 없다.

첫째, 너무 자동화되어 우리가 그것의 영향력을 전혀 인식하지 못하기 때문이다. 우리는 달리 행동할 수가 없다고, "그냥 그렇게 행동하고 반응한다"고만 생각한다.

둘째, 우리는 너무 규칙 준수에 길들여져 있어서 규칙을 어기면 "부당한 행동"이나 "위험한 행동"을 한다는 인상을 받게 된다. 잘못을 저지른다는 이런 감정이 새로운 행동방식의 습득을 방해한다. 물론 평소에는 자기감정에 귀를 기울일 필요가 있지만 이 경우는 감정이 오히려 혼란을 초래한다. 새로운 규칙을 습득하기 위해서는 단기간 감정의 소리에 귀를 기울이지 않을 필요가 있는 것이다. (이에 대해서는 〈3.3 생각 바꾸기 5단계〉에서 더 자세히 알아보기로 한다.)

죄책감의 ABC

당신의 믿음과 달리 죄책감은 잘못된 행동의 논리적 결과가 아니다. 우리의 죄책감은 우리 자신이 만드는 것이다. 죄책감은 우리에게로 밀어닥치는 감정의 파도가 아니라, 잘못을 했다고 믿는 우리가 자신과 나누는 부정적 대화의 결과이다. 물론 자신과의 대화도, 죄책감도 우리는 인식하지 못할 때가 많다. 우리는 그저 우울하고 짜증이 나며 몸이 아프고 이런저런 신체 증상을 느낄 뿐이다. 죄책감은 다른 모든 감정이 그러하듯 **감정의 ABC**에 따라 생겨난다.

A 상황

어떤 일이 일어난다.

B 자신과의 대화/평가

우리가 이 상황을 긍정적, 중립적, 부정적으로 평가한다.

C 감정과 행동

우리는 이 평가에 맞게 느끼고 행동한다.

죄책감은 우리가 '나쁜' 말이나 행동을 했기 (A : 상황) 때문에 생겨나는 것이 아니다. 죄책감은 하지 말았어야 할 '나쁜' 말이나 행동을 해서 자신이 나쁘고 열등한 인간이라고 스스로에게 말하기 (B : 우리의 평가) 때문에 생겨난다. 우리가 허락하지 않는다면 남들은 절대 우리에게서 죄책감을 불러일으킬수 없다. 남들이 우리에게 대놓고, 혹은 은근슬쩍 비난을 퍼부어 우리가 죄책감을 느낀다면 그건 오직 우리가 상대의 말에 동의했기 때문이다. 우리가 속으로 이렇게 말했기 때문이다. "그의 말이 옳아. 그런 짓이나 말을 하지 말았어야 해. 내가 잘못했어."

우리의 결론이 중요하다

그렇지만 잘못을 했다는 **생각 (B)**만으로 죄책감을 다 설명할 수는 없다. 좀 잘 못했다고 해서 그게 뭐가 그리 대수인가? 꼭 해야 할 일을 하지 않은 게 뭐 그리 나쁜가? 그렇다면 대체 무엇이 우리에게 그토록 괴로운 죄책감을 불러일으키는 것일까? 대답은 **자신과의 대화 (B)**에서 끌어낸 우리의 결론이다. "그런 행동을 하면 안 되는 것이었어. 그런데 내가 그랬으니 난 반성해야 해. 그런 짓을 하면 미움을 받아도 싼 나쁜 인간이야." 문제를 일으키는 것은 바로 이런 냉혹한 결론이다. 따라서 앞서 소개한 죄책감 발생 모델은 조금 더 보완되어야 한다.

A 상황 :

우리가 어떤 행동을 하고, 말을 하고, 생각을 하고, 느낀다.

B 자신과의 대화/평가 :

우리가 우리의 행동, 생각, 말, 감정을 잘못이라고 평가한다. "그런 행동, 말, 생각을 하거나 그런 감정을 느껴서는 안 되는 거였어." 혹은 "그렇게 행동하고 말하고 생각하고 느끼지 말아야 했어."

······ 그런데 잘못이라 생각한 행동, 말, 생각을 하거나 기분을 느꼈기에 우리는 이런 결론을 내린다.

"나는 미움을 받아도 싼 나쁜 인간이야."

C 감정과 행동 :

우리는 죄책감을 느끼고 그로 인한 신체 증상으로 힘들어하며 특정 방식으로 행동하게 된다. 이 도식은 모든 죄책감, 모든 인간에게 적용된다. 물론 문화, 종교, 소속 집단에 따라 무엇을 좋고 나쁜 것으로, 옳고 그른 것으로 보는가는 차이가 있다. 규칙과 규범은 다를 수 있다. 하지만 자신의 행동을 비난하면서 동시에 인간으로서 자기 자신을 비난할 경우 죄책감을 느낀다는 사실은 모든 인간의 공통점이다.

어쩌면 당신은 지금 이런 생각을 할지 모르겠다. "죄책감이

들어 마땅한 행동이 있지 않나요? 자신의 감정에 전혀 영향을 미칠 수 없는 상황이란 것이 있지 않나요?" 그래서 잠깐 당신의 궁금증에 답을 하고 넘어가기로 하겠다. 더 자세한 설명은 뒤에서 (3.1) 할 것이다.

우리는 언제나 우리 감정에 영향을 미칠 수 있다. 물론 순간적으로 죄책감을 느낄 수밖에 없는 그런 상황이 있다. 당신이 그 순간 자신의 도덕관에 심히 위배되는 행동을 했기 때문이다. 당신은 그 행동이 그냥 넘어갈 수 없는 심각한 위반이기에 자책으로 벌을 받아야 한다고 생각한다. 그럼 그 상황에서 당신은 죄책감으로 반응할 수밖에 없다. 그리고 그 순간 자신의 죄책감이 옳고 적절하다고 생각하는 것 역시 별 문제가 아니다. 하지만 앞으로도 계속 그렇게 행동할지 말지는 당신이 결정을 내릴 수 있다. 당신은 매 순간 죄책감을 버리고 자신을 용서할지를 결정할 수 있다. 이 정도 죄책감이면 충분하다고 생각한다면, 더 이상은 죄책감에 시달리고 싶지 않다면 언제나 자신을 용서할 수 있는 것이다.

"죄책감을 느끼는 게 정상 아닌가요?"

나를 찾아오는 환자들은 이런 말을 자주 한다. 그럴 때면 나는 항상 이렇게 대답한다. "네, 대부분의 사람들이 죄책감을 느끼는 것이 '정상'이라고 본다면 죄책감을 느끼는 게 지극히 정상이지요." 하지만 '정상'이라고 해서 그 사고방식이 건강하고 유익하다는 뜻은 절대 아니다.

잊지 말아야 할 것

그러니까 죄책감을 느낀다는 건 자신의 행동에 대해 인간으로서 자신을 단죄한다는 의미이다. 자신의 행동을 틀렸다고 평가하는 지점에서 멈추고, 인간으로서의 자기 가치를 문제 삼지 않는다면 우리는 죄책감을 느끼지 않을 것이다. 잘못된 행동을 했다는 인식을 하고 그 행동을 유감스럽게 생각할 테지만 자책하지는 않을 것이다. 우리의 행동과 그 결과에 대해서만 책임감을 느낄 것이다.

1.4

자신과 어떤 대화를 나누면
자책감이 들까?

자신과 나누는 대화, 다시 말해 자신의 행동이나 말에 대한 평가는 대부분 절로 일어난다. 그래서 당신은 지금 이렇게 반박하고 싶을지도 모르겠다.

"나는 자신과 대화를 한 일이 없어요. 나의 죄책감은 내가 잘못된 행동을 했기 때문이지 내가 무슨 생각을 했기 때문이 아니에요."

옳은 말이다. 당신은 그 순간 아무 생각도 하지 않은 것처럼 느꼈을 것이다. 하지만 우리의 뇌는 의식적 체험의 매 순간마다 각 상황을 자동적으로 평가한다. 그 상황이 우리에게 위험한 것은 아닌지, 우리가 바르게 행동하는지 매 순간 점검한다. 자동적으로 진행되는 이 과정에 우리는 아무런 영향도 미칠 수 없다. 우리의 뇌가 그렇게 생겨먹었기 때문이다. 뇌는 프로그래밍된 임무를 알아서 처리하는 로봇과 같다. 우리 뇌의 프로그램은 저장된 우리의 경험과 우리가 내린 결론들, 책에서 읽었거나 주변 사람들한테서 들었던 내용들, 부모님과 선생님들이 가르쳐주거나 가르쳐주었다고 우리가 믿는 내용들로 이루어진다. 안타깝게도 우리는 평소 자신의 생각에 별 주의를 기울이지 않는다. 그래서 상황이나 타인들이 직접 우리의 감정을 불러올 수 있고 우리는 그 감정에 속수무책이라고 착각한다. 혹시 아래에서 나열한 생각들이 너무 익숙하지는 않은가? 당신도 자주 이런 생각들을 하지는 않은가?

- 그런 행동은 하지 말았어야 해.
- 그런 말은 하지 말았어야 해.
- 어떻게 내가 그런 짓을…… 그러지 말았어야 해.
- 어떻게 그런 실수를 저지를 수가 있을까?
- 왜 진즉에 몰랐을까?
- 내가 너무 안일했어.
- 내가 좀 더 신경을 썼어야 해.
- 그 생각을 했어야 했는데.
- 내가 너무 방심했어.
- 애들 옆에 있었어야 해.
- 내가 이기적이었어.
- 부모님께 근심을 드리다니.
- 거짓말을 하지 말았어야 했는데.
- 내가 그만 이성을 잃었어.

- 시간을 그렇게 허투루 쓰지 말았어야 했어.

- 건강에 신경을 더 쓸 걸 그랬어.

- 야근한다고 가족을 챙기지 못했어. 그러지 말아야 했는데.

- 부모님한테 신경을 더 써야 했는데.

이 모든 자책 앞에는 말하지 않았을 뿐 또 하나의 평가가 붙어 있다. "내가 나빴어. 내가 나빠." 그리고 이 모든 자책의 뒤에서 우리의 결론이 따라붙는다. "그런 행동을 하지 않(았)기 때문에 나는 나쁜 사람이야." "그런 행동을 했(하)기 때문에 나는 나쁜 사람이야." 위의 자책 중에서 너무 익숙한 것들이 눈에 띄는가? 그렇다면 당신은 이미 **자신과의 대화**를 추적하기 시작했다. 이미 변화의 길로 첫발을 내디뎠다는 소리이다. 익숙한 자책이 없는가? 그렇다면 아직 조금 더 훈련을 해야 할 것이다. 자신의 생각을 관찰하는 훈련이 더 필요하니 말이다. 분명한 것은, 우리가 기분이 나쁠 때는 항상 부정적인 생각을 했기 때문이다. 신체 질환이나 뇌질환이 아니라면 우리 몸은 혼자서 감정을 만들어낼 수 없다. 몸이 감정이 만들어내려면 생각에게 주문을 해야 한다. 당신도 한 번 점검해보라. 탐정처럼 자동적으로 진행되는 자신의 평가를 추적해보자. 당신이 나누는 **자신과의 대화**를 한 번 뒤를 밟아보자. 자신의 감정에 영향을 미칠 수 있는 좋은 기회가 될 것이다.

죄책감의 문을 여는 만능열쇠가 있다. 죄책감을 느끼는 모든 사람들은 똑같은 방식으로 생각이 흘러간다.

죄책감을 느끼면 자책을 한다.

- 해야 하거나 하지 말아야 한다고 생각하는 행동을 하지 않거나 했다고 자책한다.
  가령 "애들한테 더 신경을 썼어야 해." "대출을 그렇게 받는 게 아니었어." "단 걸 적게 먹을 걸."

- (하지 말아야 한다고 생각하는) 행동을 했거나 말을 했다고 자책한다.
  가령 "선물이 마음에 안 든다는 말을 괜히 했어." "부모님께 거짓말을 안 하는 건데."

- (꼭 해야 한다고 생각하는) 행동과 말을 하지 않았다고 자책한다.
  가령 "왜 아빠에게 사랑한다고 말하지 않았을까? 이렇게 갑자기 돌아가실 줄 알았더라면 사랑한다고 말할 걸."

그리고 그 행동과 말을 이유로 삼아 자신을 단죄한다.

그렇다면 아무 근거도 없이 혹은 계속해서 죄책감을 느끼는 사람들은 어찌 된 일인가? 이들의 감정은 감정의 ABC 도식으로 어떻게 설명할 수 있을까?

죄책감의 이유를 발견하지 못하는 사람들의 마음에선 두

가지 욕망이 갈등을 일으키는 경우가 많다. 가령 어떤 워킹맘이 아이들과 많은 시간을 보내고 싶지만 혼자만의 시간도 소중하게 생각한다. 그래서 혼자서 영화를 보러 갈 때면 아이들을 방치했다는 생각에 죄책감이 든다. 객관적으로 보면 아무 잘못도 없는 데 말이다. 그녀는 항상 아이들 곁에 있어야 한다는 자신의 요구를 의식하지 못한다. 그래서 아무 이유도 없이 죄책감을 느낀다고 생각한다. 늘 죄책감을 느끼는 사람들 중에는 '용서할 수 없는 실수'를 저질렀다며 자책을 하는 사람들도 많다. 또 자신이 천성적으로 나쁜 인간이라는 기본 관념을 어린 시절에 익힌 사람들도 있다. 그래서 지금까지도 가족의 모든 죄를 뒤집어쓰는 희생양 노릇을 하는 것이다. 한 마디로 그들의 마음 저 깊은 곳에는 자신은 문제가 많은 나쁜 사람이기에 사랑을 못 받는 것이 당연하다는 생각이 깊이 뿌리를 내리고 있다.

 **1. 5**

누가 우리의 규칙과 가치관을
결정하는가?

죄책감은 우리가 특정 가치관에 비추어 우리의 행동을 틀렸다고 평가하여 우리를 단죄하기 때문에 생겨난다. 우리는 어른이 될 때까지 수많은 규칙과 규범, 가치관을 우리 머리에 장착한다. 그리고 로봇처럼 특정 상황에서 아주 특정한 평가로 반응한다. 이런 옳고 그름의 기준을 만들어 준 것은 근본적으로 세 가지이다.

1. 부모와 가까운 어른들, 어른이 된 후에는 파트너

2. 종교 단체

3. 사회

1. 부모와 가까운 어른들

대부분의 부모는 말 잘 듣는 '얌전한' 자식을 바란다. 또 자식이 성공하여 세상의 인정을 받고 사회에 잘 적응하기를 바란다. 그들이 많이 사용하는 교육의 수단은 다음과 같다.

① 보상

물질적인 보상을 하거나 특정 행동을 허락한다.

"말 잘 들으면 …… 사줄게."

"말 잘 들으면 …… 하게 해 줄게."

혹은 아이가 하기 싫어하는 일을 면제해준다.

"말 잘 들으면 …… 안 해도 돼."

② 처벌

부정적인 결과를 예고한다.

"말 안 들으면 …… 벌을 받을 거야."

혹은 아이가 바라는 것을 빼앗는다.

"말 안 들으면 …… 못하게 할 거야."

③ 죄책감

"엄마가 너 때문에 못 살겠다."

"내가 너 때문에 속상해 죽겠다."

"엄마 말 안 들으면 나쁜 아이야."

어른의 행복과 건강을 아이의 책임으로 떠넘긴다. 아이는 사랑받고 싶기 때문에 부모가 시키는 대로 얌전하게 굴고, 그렇지 않았을 경우에는 죄책감을 느낀다. 아이는 부모의 규칙을 비판하고 부모의 사랑과 자신의 행동을 구분할 줄 모른다.
(어떻게 구분하는지는 뒤에서 살펴보기로 한다.) 따라서 부모
가 자신을 좋아하면 스스로를 좋은 사람으로, 부모가 자신을
싫어하면 스스로를 나쁜 사람으로 생각한다.

우리 엄마는 날 사랑해.
난 기분이 좋아.
엄마가 날 사랑하니까 기분이 좋아.

기분이 좋으니까 나는 좋은 사람이야.
나는 좋은 사람이니까 기분이 좋아.
내가 좋은 사람이니까 엄마가 나를 사랑해.

우리 엄마는 날 사랑하지 않아.
난 기분이 나빠.
엄마가 날 사랑하지 않으니까 기분이 나빠.

기분이 나쁘니까 나는 나쁜 사람이야.
나는 나쁜 사람이니까 기분이 나빠.
내가 나쁜 사람이니까 엄마가 나를 사랑하지 않아.

— 로날드 랭Ronald Raing, 《매듭》

2. 종교 단체

모든 종교에는 신도가 지켜야 할 나름의 규칙과 계명이 있다. 그 규칙이 신도들의 협력과 행복을 증진시킨다면 무슨 문제가 되겠는가? 하지만 인간의 본성상 완벽하게 따르기 힘든 규칙이거나 시대에 뒤떨어진 계명이라면 오히려 신도의 건강과 행복을 해칠 수 있다. 자신이 납득해서가 아니라 오직 신이 원하시기에, 혹은 내세에서 벌을 받을까 겁이 나서 억지로 규칙에 집착한다면 늘 두려움과 죄책감에 시달릴 것이고 결국 마음의 병이 들고 말 것이다.

3. 사회

- **학교**

선생님들도 막강한 죄책감 중개자들이다. 선생님의 질문에 우물쭈물 대답을 못할 때마다 쏟아지던 비난을 기억하는가?

"몇 학년인데 아직 이것도 몰라?"

부모님이 실망하실 것이라는 말이나 부모님께 알리겠다는 협박만 들어도 우리 마음에선 벌써 죄책감이 솟구친다. 실수나 실패에 대처하는 방법도 우리는 학교에서 배운다. 많은 선생님들이 죄책감을 열심히 공부하게 독려하는 수단으로 활용한다.

·법

국가는 결혼, 육아, 환경보호, 도로교통, 인간관계, 폭력, 낙태, 동성애, 납세, 고지의무, 자산, 노동 등 삶의 모든 분야에 적용되는 법 규정들을 마련해둔다. 한 사회에서 많은 사람이 함께 어울려 살려면 이런 규정들이 필수 불가결하기 때문이다. 법은 사회 전 구성원이 잘 지켜야 하는 공동체의 기반이다. 국가는 벌을 주겠다는 협박으로 법의 준수를 독려한다. 따라서 우리가 법을 위반할 때는 경제적인 처벌에서 일시적 혹은 영구적 자유의 박탈에 이르기까지 그 결과를 염두에 두어야 한다. 더불어 국가는 우리가 죄를 인정하고 뉘우치며 개선되기를 기대한다. 하지만 국가의 법도 불변하는 것이 아니라 계속해서 수정된다. 과거엔 잘못이라 여기고 벌을 내리던 행동도 시대가 변하면 적절하고 옳은 행동이라고 볼 수 있기 때문이다. (가령 이혼, 동성애, 혼전동거가 그렇다.)

· 광고/매체

이보다 더 많은 죄책감을 유발하는 것은 바로 광고이다. 광고는 죄책감에 민감한 인간의 마음을 노린다. 체취 제거제처럼 굳이 대놓고 죄책감을 공략하지 않아도 된다. 은근슬쩍 암시만 해도 충분하다.

누가 좋은 엄마가 되고 싶지 않고 매력적인 아내가 되고 싶지 않겠는가? 구취로 옆 사람을 괴롭히고 싶은 사람이 어디 있겠는가? 건강한 마가린을 안 사줘서 남편을 일찍 심장마비로 죽이고 싶은 아내가 어디 있으며, 나쁜 세제를 사서 아이들에게 알레르기를 일으키고 싶은 엄마는 또 어디 있겠는가? 차에 에어백을 안 달아서 아이들을 위험에 빠뜨리고 싶은 아빠는 어디 있으며, 메이커 제품을 사주지 않아서 아이의 기를 팍 죽이고 싶은 부모는 또 어디 있겠는가? 심지어 개와 고양이도 죄책감 유발에 이용된다. 비싼 사료를 사주지 않으면 반려동물에게 몹쓸 짓을 하는 반려인이 된다. 광고는 우리가 해당 제품을 구매해야만 죄책감에서 벗어날 수 있다고 암시한다. 그 제품을 구매해야 주변 사람들에게 사랑받고 우리 자신도 행복할 것이라고 말이다.

• 문화 규범

모든 사회는 "정상"에 대한 나름의 기준이 있다. 가령 여자가 직업을 가져도 되는가? 부부가 바람을 피워도 되는가? 남자가 여러 아내를 거느릴 수 있는가? 성별에 따라 어떤 옷을 입어야 할까? 죽은 사람은 며칠 동안 애도하는가? 여자는 꼭 아이를 낳아야 하는가? 이혼을 해도 되는가? 공공장소에서 키스해도 되는가?

또 한 사회 내에서도 각 집단에 따라 나름의 규범을 만든다. 로커, 펑크족, 극우파, 채식주의자, 동물애호가, 환경보호

주의자 등 각 집단에겐 나름의 특수한 규범이 있다. 이 규범을 옳다고 여기면서도 어긴 구성원은 죄책감을 느낄 확률이 매우 높다.

02
죄책감의 장점과 단점

죄책감에도 장점과 단점이 있다. 죄책감은 중요한 기능을 수행하지만 또 너무 불쾌하기 때문에 우리는 자기도 모르게 그것을 막으려고 애를 쓰게 된다. 우리의 죄책감을 일부러 부추기는 사람들이 있다. 우리 역시 죄책감을 이용해 득을 보기도 한다. 따라서 이 장에서는 이런 죄책감의 장점과 단점에 대해 자세히 알아보기로 한다.

 **2.1**

우리의 죄책감은 남들에게
어떤 득이 되나?

앞장에서 우리는 죄책감이 자신의 책임이지만 우리의 죄책감을 부추기는 사람들도 있다고 배웠다. 그들은 왜 우리의 죄책감을 부추기는 것일까? 분명 이유가 있을 것이다. 죄책감이 들면 기분이 어떤가? 죄책감이 없을 때와 비교해서 행동이 달라질까?

가령 죄책감이 들 때면 대부분의 사람들은 아주 싹싹하게 굴거나 상대에게 용서를 구하거나 상대와 타협을 하거나 상대의 바람대로 행동한다. 무력감이 밀려들어 감히 저항할 생각을 하지 못하고 심지어 일부러 상대를 피할 때도 있다. 그 사람을 만나거나 그 사람이 우리의 실수를 지적할 경우 기분이 안 좋아지기 때문이다. 전체적으로 볼 때 죄책감은 자유를 박탈하고 조종하기 쉬운 사람으로 만든다. 물론 다른 반응도 있다. 가령 오히려 상대를 공격하거나 비난할 수도 있다. 하지만 이것 역시 어쩔 수 없이 튀어나오는 반응이며, 우리의 죄책감을 부추기는 사람들이 원하던 반응이다. 그들은 우리를 조종하려 하고 굴복시키려 하며 우리의 자존감을 깔아뭉개려 한다. 우리가 하고 싶은 것을 못하게 하고, 평소 같으면 우리가 절대 하지 않았을 행동을 하게 만들려 한다. 우리가 자신들의 바람들을 들어주지 않아 자신을 힘들게 하므로 우리를 나쁜 인간이라고 비난한다. ("날 사랑한다면서 어떻게 그럴 수가 있어?") 심지어 앞으로의 행동까지 자기 마음대로 조종하려 한다. 상대가 힘들어하는 것을 알면 우리가 더 이상 우리 바람대로 행동하지 않을 테니까 말이다.

광고의 영향력에 대해서는 앞에서도 이미 설명했다. 광고는 우리 모두가 좋은 인간이 되고자 하며 인정을 받으려 노력한다는 점을 계산에 넣는다. 그들은 자신들이 우리를 위해 최선을 다한다고 설득하며 구매를 부추긴다. 죄책감을 이용하는 광고의 또 다른 전략들을 살펴보자.

- **작은 증정용 선물을 한다.**
  - → **"받았으니까 나도 사줘야지."**

- **특별히 정성을 기울여 친절한 서비스를 제공한다.**
  - → **"저렇게 애쓰는데 빈손으로 가게를 나갈 수는 없지."**

- **선한 목적에 기여한다고 말한다.**
  - → **"좋은 일인데 나도 동참해야지."**

- **카탈로그를 계속해서 보낸다.**
  → **"그동안 너무 소원했네. 한 번 다시 살펴볼까?"**

광고의 덫에 걸려들면 진짜 필요하거나 원해서가 아니라 죄책감 때문에 상품을 구매하게 된다. 우리는 죄책감을 털기 위해 물건을 산다. 이 지점에서 앞서 배운 내용을 다시 한 번 상기해보자. 남들이 우리 마음에 죄책감을 일으키고 우리를 자기 마음대로 조종할 수 있는 건 우리가 그러라고 허락했기 때문이다. 우리의 죄책감은 우리가 나눈 자신과의 대화와 우리가 끌어낸 현실에 맞지 않는 결론이 일으키는 것이다.

2.2

우리는 죄책감으로
무슨 득을 보는가?

죄책감도 좋은 점이 있는 게 분명하다. 그렇지 않다면 우리가 왜 그렇게 괴로워하면서도 죄책감을 털어버리지 못하겠는가. 우리의 모든 행동은 긍정적인 것에 대한 희망이나 부정적인 것에 대한 두려움에서 나온다. 그렇다면 죄책감을 느낄 때 우리는 무엇을 기대할까? 죄책감은 과연 무슨 득이 될까?

- 과거의 행동으로 자책하고 있을 땐 현재의 문제를 보지 않아도 된다.
- 자신을 용서하기 위해 노력할 필요가 없다.
- 죄책감을 느끼면 결백해질 수 있을 것 같다.
- 죄책감으로 괴로워하면 잘못을 저질렀어도 상대의 애정을 잃지 않을 수 있다.
- 매번 죄책감으로 자신을 벌하니까 잘못된 행동을 계속할 수 있다. 죄책감이 일종의 알리바이이자 핑계인 셈이다.
  "내가 잘못한 거 나도 알아. 그래서 이렇게 자책하잖아."
- 괴로워하면 상대의 동정을 얻을 수 있다.

- 죄책감은 우리가 도덕적이고 선한 인간이라는 증거가 된다.
- 자기 연민에 빠질 수 있다.
- 나쁜 인간이라는 자신의 부정적인 자아상을 죄책감을 통해 다시 한 번 확인한다.
- 자신의 생각과 감정을 책임질 필요가 없고 만일의 갈등을 피할 수 있다.
- 자기 나름의 규칙과 규범을 만들기 위해 애쓸 필요가 없다. 어린 시절에 배웠거나 남들이 만들어놓은 규칙을 따르기만 하면 된다.

 **2.3**

죄책감은 얼마나 해로운가?

당신이 이 책을 구입한 건 이유가 있었을 것이다. 아무 이유도 없는 데 죄책감을 탐구하는 이런 책을 사지는 않았을 것이다. 그동안 죄책감 때문에 불쾌하거나 괴로웠을 것이다. 아마아래에서 열거하는 이런 기분 때문에 힘들었을 것이다.

- 죄책감 때문에 자존감이 떨어지고 자의식이 낮아진다.
- 죄책감 때문에 현재를 살아갈 힘이 없다.
- 죄책감 때문에 자꾸 희생양이 된다.
- 죄책감 때문에 조종당한다.
- 죄책감 때문에 우울증과 심신 장애를 앓는다.
- 죄책감 때문에 절대 안 그런 척하고 잘못을 인정하지 않는다.
- 죄책감 때문에 조그만 비판에도 예민하게 반응한다.
- 죄책감 때문에 남에게 책임을 떠민다.
- 죄책감 때문에 남들을 혹독하게 비난한다.
- 죄책감 때문에 중독이 된다.
- 죄책감 때문에 잘못을 부인한다.

- 죄책감 때문에 앞으로는 될 수 있는 대로 위험을 감수하지 않으려 한다.
- 죄책감 때문에 잘못의 원인을 분석하지 않고 무조건 자신이 나쁘다고 생각해버리므로 또다시 잘못을 저지를 확률이 높아진다.

죄책감이 몰고 올 수 있는 부정적인 결과들은 이렇게나 많다. 죄책감이 사라지면 어떻게 달라질지, 자신을 한 번 더 돌아보자.

 **2.4**

우리는 죄책감에 어떻게 대처하는가?

죄책감은 불쾌한 감정이다. 따라서 그동안 다들 그 불쾌한 감정을 없애기 위해 나름대로 이런저런 전략을 활용해보았을 것이다.

1. "죄책감을 느껴도 싸지."

죄책감을 정당한 벌이라고 생각한다. "나처럼 행동하는 인간은 죄책감을 느끼지 않을 수가 없을 거야. 죄책감은 내가 도덕적인 인간이라는 증거지." 심지어 용서받을 수 없는 잘못을 저질렀다는 생각에 평생 죄책감으로 괴로워하는 경우도 많다.

> 장점 : 죄책감을 느끼니까 잘못은 했어도 자신이 선한 인간이라고 믿는다.
>
> 단점 : 기분이 좋지 않고 삶의 질이 떨어지며 의욕이 사라진다. 심한 경우 심신질환을 앓을 수도 있다.

2. "죄책감이 드니까 난 나쁜 사람이야."

자신을 낮춘다. "죄책감을 느끼니까 나쁜 인간인 게 분명

해." 자존감이 떨어져 자신의 욕구를 표현하지 못하고 부당한 요구를 거부하지 못한다. 자신의 행동은 물론이고 자신의 존재도 미안하게 생각한다. 남의 이목을 받는 것이 두렵고 칭찬을 받아들이지 못하며 타인에게 다가가지 못한다. 사람을 피하고 위험을 감수하지 않으려 하며 혹시 또 잘못을 저지를까봐 쉽게 결정을 내리지 못한다.

장점 : 남들이 동정을 해줄 수도 있다.

단점 : 능력을 펼치지 못하고 기회를 활용하지 못한다. 열등감을 느끼고 우울증과 심신질환이 생긴다. 굴종적인 행동을 본 주변 사람들이 당신을 희생양으로 삼아 이용할 수 있다. 저항하지 못하는 제물이 될 수 있다.

3. "난 안 그랬어. 그러니까 죄책감을 느낄 필요도 없지."

자신의 죄를 부인한다. 자신의 행동을 변명한다. 상황 탓이었다고 둘러댄다. "난 안 그랬어. 상황이 안 그랬으면…… 나도 안 그랬을 거야."

장점 : 잠깐은 마음이 편할 것이고 죄책감이 줄어들 것이다.

단점 : 잘못을 고칠 기회를 놓친다. 죄책감의 원인을 해결하지 못한다. 혹시라도 누가 잘못을 발각하여 지적할까 봐 노심

초사한다. 그러느라 행동을 고칠 여력이 없다.

4. "난 안 그랬어. 다른 이가 그랬어."

상대의 공격에 역공을 가한다. "당신이 이랬으면 나도 저랬을 거야." "그가 먼저 시작했어." "부모님이 날 이렇게 키웠으니 하는 수 없지." 남들을 공격하며 그들에게 죄를 떠민다.

장점 : 잠깐은 마음이 편할 것이고 죄책감이 줄어들 것이다.

단점 : 짜증이 나고 긴장이 풀리지 않을 것이다. 갈등이 일어나거나 관계가 위태로울 수 있다. 잘못을 고칠 수 없다.

5. "죄책감을 못 참겠어."

죄책감을 잊기 위해 술을 마시고 일에 몰두하고 과식을 하고 진정제나 마약을 털어 먹는다.

장점 : 잠깐은 마음이 편할 것이고 죄책감이 줄어들 것이다.

단점 : 죄책감의 원인을 손보지 못하고 잘못을 고치지 못한다. 마음은 물론이고 몸도 괴롭다. 중독에 빠질 위험이 높고 직장이나 사람을 잃을 수 있다.

6. "다 내 잘못이야."

농담처럼 이렇게 둘러댄다. "다 내 잘못이야. 또 나야. 그저 내가 죄인이지." 속으로는 아니라고 생각하면서도 피해자인 양 행세한다.

> 장점 : 과도하게 죄를 인정함으로써 자신은 물론이고 상대를 농담거리로 삼는다.

> 단점 : 원인을 해결하기 위한 고민이 불가능하다.

7. "다른 사람들도 잘못했는데 뭐."

자신의 죄책감을 줄이기 위해 다른 사람들에게로 눈길을 돌린다. 그것으로 위안을 삼는다. "다른 사람들도 나보다 나을 게 없어." 그렇게 자기 잘못의 정도를 줄이려 한다.

> 장점 : 죄책감이 줄어든다.
> 단점 : 잘못을 현실적으로 평가할 수 없다.

8. "다른 사람들이 더 나빠."

다른 이들의 잘못이 더 크다는 증거를 찾는다.

> 장점 : 죄책감이 줄어든다.

단점 : 잘못을 현실적으로 평가할 수 없다. 평소 같으면 자신의 가치관에 전혀 맞지 않을 사람들과 자신을 비교하게 된다.

9. "그렇게 나쁘지는 않아."

죄를 줄이거나 미화한다.

장점 : 죄책감이 줄어든다.

단점 : 잘못의 정도를 올바르게 판단할 수 없으므로 고칠 수도 없다.

10. "그런 일 없었어. 그러니까 난 아무 잘못도 없어."

자신의 행동을 다 부인한다.

장점 : 죄책감이 줄어든다.

단점 : 잘못의 정도를 올바르게 판단할 수 없으므로 고칠 수도 없다.

당신도 이미 짐작했듯 위에서 나열한 전략들은 모두가 전혀, 혹은 별로 도움이 되지 않는다. 적절하고 유익한 전략은 사실을 직시한다. 다시 말해 우리 행동의 영향을 부인하지도, 과소 혹은 과대평가하지도 않으며, 자신의 책임을 인정하되 자신도 어쩔 수 없었던 일까지 굳이 책임지려 하지 않고, 비현실적인 과장된 결론을 끌어내지 않는다. 이런 유익한 전략들에 대해서는 2부에서 더 자세히 알아볼 것이다.

방금 위에서 나열한 전략들 중엔 당신도 이미 써먹은 적 있는 것들도 있을 것이다. 이 방법을 써봤다가 안 되어서 저 방법을 써보기도 했을 것이며, 집에서는 끝까지 잘못을 부인하지만 직장에 가면 무조건 다 당신의 잘못이라고 고개 숙인 적도 있을 것이다. 이 모든 전략들의 공통점은 죄책감을 일으키는 마음가짐을 점검하지 않고 그것을 수정하지 않는다. 나아가 자신의 결론이 상황에 적절한지 과장은 아닌지 점검하지 않는다. 그저 잘못을 딴 사람 탓으로 돌리거나 우리의 인간 전체를 단죄한다. 자신의 행동과 인성을 구분하지 못하는 것이다.

2.5

우리는 어떻게
남들의 죄책감을 부추기나?

맞다. 제대로 읽은 것이 맞다. 우리도 가해자가 될 수 있다. 상황에 따라 우리도 죄책감 유발 기술을 이용한다.

첫째는 어린 시절에 보고 배운 것은 어른이 되어 절로 따라 하게 되기 때문이며, 둘째, 우리도 죄책감 유발의 장점을 발견했기 때문이다. 왜 우리라고 잘 통하는 기술을 쓰지 말아야 한단 말인가?

"어떻게 네가 나한테 거짓말을 할 수 있어?"

"내 기대를 이렇게 무너뜨릴 수가 있니?"

"너 때문에 너무 속상해."

"내내 너만 기다렸는데."

"꼭 그래야만 했어?"

당신의 입에서도 이런 비난이 튀어나온 적이 있을 것이다. 상대에게 받은 상처를 그대로 '상대에게 되돌려주고' 싶을 때 우리는 죄책감을 이용한다. 상대가 죄책감을 느낀 후 달라졌으면 하는 기대가 있을 때도 마찬가지이다. 이럴 때는 "다들 그렇게 한다"는 식의 말로 일반화를 잘 시킨다. 마치 우리가 보편타당한 규칙을 대변하는 것처럼 말이다. 하지만 사실 그건 우리 자신의 규칙일 뿐이다. 또 부부 사이나 친구 사이에서 상대가 우리가 바라는 대로 행동하게끔 만들기 위해서도 죄책감을 많이 이용한다.

가장 많이 사용하는 전략들로는 아래와 같은 것들이 있다.

- 상대의 의무를 상기시킨다.
  ⇨ "…… 하기로 나하고 약속했잖아."

- 상대를 위해 우리가 희생을 할 수밖에 없다는 점을 상기시킨다.
  ⇨ "당신이 안 하면 내가 야근을 할 수밖에 없어."

- 우리가 관계를 위해 더 많이 노력한다는 점을 알린다.
  ⇨ "난 벌써 4번이나 장을 봤는데 당신은 여태 한 번도 장을 안 봤잖아."

- 상대의 계획과 행동이 일치하지 않는다는 점을 지적한다.
  ⇨ "금연한다며? 또 펴? 제발 좀 끊어."

- 상대의 감정을 의심한다.
  ⇨ "날 사랑한다면 그럴 수는 없어."

- 괴로운 표정, 한숨 등으로 고통과 모욕감을 표현한다.

- 몇 년이 지나고도 과거의 "실수"를 상기시킨다.
  ⇨ "그때 어땠는지 기억나? 난 도저히 용서할 수가 없어."

- 다른 사람과 비교한다.
  ⇨ "내 친구 남편은 ……"

- 다른 사람의 비난을 언급한다.
  ⇨ "당신 부모님이 당신을 어떻게 생각하시겠어?"

- 희생을 강조하며 상대를 옭아매려고 한다.
  ⇨ "내가 당신을 위해 이렇게까지 하면 당신은 최소한……"

　운이 좋다면 적어도 겉으로는 상대가 우리의 "죄책감 프로젝트"에 휘말려 들어 달라진 모습을 보일 것이다. 하지만 아마 그의 속마음은 부글부글 끓을 것이다. 우리가 자신을 옥죄는 것 같아 답답하고 숨이 막힐 것이다. 그러니 그가 택할 수 있는 행동은 두 가지뿐이다.

　첫째, 우리가 바라는 대로 하면서 강요당하는 기분을 느낄 것이다. 둘째, 자기 마음대로 하면서 죄책감을 느낄 것이다. 장기적으로 보면 죄책감은 결국 관계에 부담이 되고, 심한 경우 관계를 파탄으로 몰고 갈 수 있다. 되풀이되는 우리의 강요나 양심의 가책에 언젠가는 상대도 신물이 날 테니까 말이다. 상대가 어느 날 다시 돌아오리라는 희망을 품고서 상대를 위해 무엇이든 다 하겠노라 외쳐도 이미 때는 늦었다. 그래 봤자 우리의 욕구만 뒷전으로 밀려날 뿐, 돌아오는 것은 아무것도 없을 테니까 말이다. 그러니 근본적으로 죄책감을 이용하여 상대를 조종하려는 전략은 전혀 유익하지 않은 전략인 것이다.

3

죄책감 해소를 방해하는 마음의 장애물

　죄책감이 오직 우리의 사고습관 때문에 생기는 것이라면 해결도 너무나 간단할 것이다. 사고습관만 바꾸면 죄책감은 절로 사라질 것이니 말이다. 그렇지 않은가? 정말 논리적인 결론이고 또 실제로도 그렇지만, 현실은 그리 녹록지만은 않다. 우리 마음에 숨은 훼방꾼이 계속 방해를 할 것이기 때문이다. 인간은 습관의 동물이어서 한 번 뿌리내린 습관과 관념과 선입견은 어떻게 하든 지키려고 애를 쓴다. 따라서 이 장에서는 이런 마음의 반대 목소리를 살펴볼까 한다.

 **3.1**

정당한 죄책감이 있는가?

"정당한 죄책감이란 것도 있지 않나요?"

많은 환자들이 이렇게 묻는다. 지금 당신에게 묻는다고 해도 아마 같은 대답이 돌아올 것이다.

"네, 정당한 죄책감도 있지요."

그 말은 누구라도 죄책감을 느낄 수밖에 없는 그런 행동방식이 있다는 뜻이다. 하지만 내 생각은 다르다. 죄책감은 우리 자신이 만든다. 우리가 스스로 인정한 내면의 규범을 어길 때 생겨난다. 죄책감은 우리가 특정 방식으로 행동했기 때문에 어쩔 수 없이 생기는 것이 아니다. 극단적으로 말하면, 살인범마저도 스스로가 잘못을 저질렀다고 믿고 자신을 단죄할 경우에만 죄책감을 느낄 것이다. 죄책감이 정당한가 아닌가를 두고 토론을 하려면 우선 어떤 규범을 기준으로 삼을지부터 합의를 해야 한다.

철학자나 종교가들은 보편타당한 도덕적 가치를 정하려 애쓰지만 사실 종교부터가 자신의 규칙을 위반하기 일쑤이다. 인류의 역사에서 신의 이름으로 저질러진 전쟁과 살인이 얼마나 많은가? 그러니 보편타당한 규범은 없다. 한 시대, 한 사회에서도 그러하니 모든 시대, 모든 사회를 아우르는 규범은 더더욱 없을 것이다. 그러니 무엇을 보고 어떤 행동이 틀렸으며 죄책감이 정당하다고 판단한단 말인가? 죄책감이 정당한 경우는 우리가 어떤 것이 틀렸다고 믿고 그 대가로 우리 자신을 단죄할 때이다.

죄책감은 지극히 개인적인 우리의 의견을 반영한다. 물론 개인의 의견에는 사회나 종교적 관념이 큰 영향을 미칠 것이다. 하지만 그 관념에 동의하는 사람은 우리이다. 설사 우리가 다른 사람의 행동을 지켜보며 그는 죄책감을 느껴 마땅하다고 생각한다 해도 그가 반드시 죄책감을 느낄 필요는 없다. 우리는 그 죄책감이 정당하다고 생각해도 그의 죄책감을 결정하는 것은 오직 그의 도덕적 가치이다.

따라서 나는 "정당한 죄책감이 있는가?"라는 질문을 이렇게 바꾸고 싶다. "죄책감이 의미가 있는가?" 아마 이 질문에도 대답이 갈릴 것이다. 나는 죄책감이 쓸데없고 해롭다고 생각하는 사람들 편이다. 그리고 내가 그렇게 생각하는 근거는 다음과 같다.

- 죄책감을 느낀다고 해서 잘못이 없던 일이 되지 않는다.

- 죄책감을 느낀다고 해서 꼭 행동이 달라지는 것은 아

니다.

- 실수를 반성하고 실수를 고치기 위해 꼭 죄책감과 자기 단죄가 필요한 것은 아니다. 실수를 인정하고 후회하고 개선의 가능성을 고민하는 것으로 충분하다.

- 죄책감은 아무에게도 도움이 안 된다. 자존감, 몸과 정신 건강만 해칠 뿐이다.

- 죄책감을 느낀다고 해서 도덕적인 인간이거나 더 나은 인간인 것은 아니다.

- 죄책감을 느낀다고 해서 앞으로 금지된 짓이나 나쁜 짓을 안 하지는 않는다.

- '금지된 짓'을 했다는 생각에 죄책감을 느껴봤자 아무 쓸데가 없다. 스스로 옳지 않다고 생각하는 행동을 한다면 옳지 않다는 것을 완벽하게 의식하며 그 행동을 한 것이다. 그러니 죄책감이 무슨 의미가 있겠는가?

- 죄책감은 앞으로의 잘못을 예방하는 데 아무 도움이 안 된다.

- 잘못되었다는 것을 모르고 잘못된 행동을 한 경우에도 죄책감은 아무 도움이 안 된다. 그저 벌을 두 배로 키울 뿐이다. 행동의 결과로도 벌을 받고, 죄책감으로도 벌을

받을 테니까 말이다.

- 잘못되었다는 것을 알면서 잘못을 한 경우 죄책감은 앞으로도 계속 같은 잘못을 저지르기 위한 변명과 알리바이에 불과하다.

당신이 거지한테 아무것도 안 주면서 죄책감을 느낀다면 그게 거지한테 무슨 득이 될까? 어차피 다이어트는 중단했는데 죄책감을 느낀다 한들 당신에게 무슨 득이 되는가? "엄마를 잘 모시지 못해 죄송해요." 만날 때마다 이런 말을 하면서 잘 모시지 않는다면 당신 엄마에게 무슨 득이 되겠는가? 아이를 때려놓고 죄책감을 느낀다면 그게 아이한테 무슨 득이 될 것인가? 의도적으로 잘못을 저지르는 사람들은 보통 그 잘못을 멈추지 않는다. 물론 양심의 가책을 느낄 수는 있겠지만 양심의 가책은 행동의 개선을 보장하는 보증수표가 아니다. 개선하기로 굳게 결심했다 해도 새로운 행동방식이 습관으로 굳어지기까지는 큰 노력이 필요하다. 나중에야 자신의 행동이 잘못인 걸 깨달은 사람들에게도 죄책감은 아무 도움이 안 된다. 어차피 그 전에는 자기 행동이 틀렸다는 것을 알 수가 없었으니 아무짝에도 쓸모없는 벌이다.

그래도 아직 당신은 여전히 이런 생각을 할지도 모르겠다.

"맞는 말이야. 그렇지만……"

그렇다면 다음의 설명을 찬찬히 더 읽어보자.

 **3.2**

죄책감에 얽힌 미신들

죄책감과 관련해서도 우리는 자라면서 몇 가지 기본 관념을 배웠다. 따라서 그 관념에 위배되는 말을 들을 때마다 해묵은 프로그램이 반기를 들면서 이런저런 반론을 들이민다. 아래의 리스트를 한 번 살펴보자.

1. "죄책감을 못 느끼는 인간은 도덕과 감정이 없다."
2. "죄책감을 못 느끼는 인간은 무책임하다."
3. "나쁜 인간들이나 죄책감을 안 느낀다."
4. "잘못을 저질렀으면 죄책감을 느껴야 마땅하다."
5. "잘못을 고치려면 죄책감이 꼭 필요하다."
6. "죄책감을 못 느끼면 더 나쁜 인간이 될 것이다."
7. "죄책감을 못 느끼는 건 자기가 다 잘했다고 생각하기 때문이다."
8. "죄책감을 느끼는 건 잘못했다는 증거이다."

이중에 당신이 하고 싶었던 말이 있는가? 안 그래도 앞의 내 설명에 반론을 하려던 참이었는가? 지극히 정상적인 반응이다. 이 책을 읽으며 떠오르는 모든 반론은 당신을 기존의 생각과 행동방식에 붙들어 매려는 해묵은 프로그램의 소행이다. 그 생각과 행동방식을 여기서 잡아내지 못한다면 당신은 절대 변화의 길로 들어설 수 없다. 그러니 우리 함께 하나씩 위의 반론들을 훑어가며 과연 옳은지 따져보기로 하자. 각 반론마다 이런 질문을 던져볼 것이다.

"정말 맞는 말인가?"

"그렇다는 증거가 어디 있는가?"

1. "죄책감을 못 느끼는 인간은 도덕과 감정이 없다."

아니다. 그렇지 않다. 죄책감은 그 어떤 것의 증거도 될 수 없다. 죄책감은 그저 우리가 과거의 어떤 행동을 잘못이라고 보고 그로 인해 자신을 비난한다는 증거일 뿐이다. 또 죄책감이 반드시 '더 나은' 행동을 낳는 것도 아니다. 다음번에 그 비슷한 상황이 되면 다시 똑같은 잘못을 저지를 수 있는 것이다. 자신을 비난하는 것이 도덕의 증거일 수 없다. 도덕적 원칙을 따른다는 것은 인간과 사물을 대하는 가치 기준이 있다는 뜻이다. 그리고 그 도덕적 원칙은 행동에도 영향을 미친다. 그 가치기준을 따르고 혹시 그것을 위반하는 경우 뉘우치고 회복이나 개선을 위해 노력한다면 그것으로 충분하다. 죄책감을 느끼지 않지만 자신과 남들에게 해를 끼지 않으려 노력하며 자신의 실수를 아는 사람은 감정이 있고 도덕적 원칙이 있는 사람이다.

2. "죄책감을 못 느끼는 인간은 무책임하다."

아니다. 그렇지 않다. 죄책감과 책임은 별개의 문제이다. 건강한 인간이라면 누구나 자신의 행동, 말에 책임을 진다. 자기 행동의 결과를 젊어져야 하는 것이다. 건강하지 못한 음식을 먹을 때는 질병의 위험을 감수해야 하며, 도로 교통법을 위반할 때는 딱지나 벌점을 염두에 두어야 한다. 도둑질을 할 때는 검거되어 벌을 받을 수 있다는 점을 유념해야 한다. 어른이라면 다른 그 누구에게도 책임을 떠넘길 수 없다. 하지만 죄책감을 느낀다고 해서 그것이 곧 자기 행동에 책임을 지고 필요한 경우 행동을 바꾸거나 만회하려 노력하는 것은 아니다. 세상에는 죄책감을 거부하고 책임을 딴 사람에게 떠넘기거나 죄책감만 느끼고 행동은 전혀 바꾸지 않는 사람이 정말로 많다. 반대로 굳이 죄책감이라는 고문 기구가 없어도 책임감 있게 행동하는 성숙한 사람들도 많다. 심지어 나는 쓸데없는 죄책감으로 자신을 괴롭히지 않아야만 책임감 있게 행동할 수 있다고 말하고 싶다. 몰래 숨어 자신을 벌하기는 쉬워도 자신과 남들 앞에 잘못을 고백하기는 어렵다. 죄책감을 느끼는 사람들은 자신의 잘못을 숨기기 쉽다. 잘못이 알려지면 자신이 도덕적으로 나쁜 인간임을 온 세상이 알 것이라 믿기 때문이다.

3. "나쁜 인간들이나 죄책감을 안 느낀다."

이런 생각도 틀렸다. 첫째, 기본적으로 선하거나 악한 인간은 없다. 모든 인간은 잘못을 저지르고 남들에게 해를 끼친다. 둘째, 죄책감을 느낀다고 해서 선한 인간이 되지는 않는다. 죄책감은 그저 자신의 행동을 잘못이라고 보고 그 대가로 자신을 단죄한다는 증거일 뿐이다.

4. "잘못을 저질렀으면 죄책감을 느껴야 마땅하다."

아니다. 그렇지 않다. 나중에 자기 행동이 잘못이라고 깨닫는다면 잘못을 인정하고 뉘우치는 것으로 족하다. 죄책감은 마음에 부담을 주고 몸을 병들게 하며 분노와 불안, 우울 같은 부정적인 감정을 일으킬 뿐이다. 그렇게 되면 우리는 자신의 책임을 과대평가하고 다른 요인의 영향력을 과소평가한다. 심지어 죄책감으로 인해 오히려 잘못을 고치지 못하는 경우도 적지 않다.

5. "잘못을 고치려면 죄책감이 꼭 필요하다."

아니다. 그렇지 않다. 오히려 죄책감 때문에 잘못을 고치지 못하는 경우도 많다. 죄책감은 그저 우리가 자신의 가치관에 위배되는 행동을 했고 그로 인해 자신을 비판한다는 증거일 뿐이다.

6. "죄책감을 못 느끼면 더 나쁜 인간이 될 것이다."

아니다. 그렇지 않다. 중도가 있다. 한쪽에는 옳고 그름의 기준이 없고 인간을 멸시하며 타인의 행복과 재산을 위협하는 사람들이 있다. 이들은 우리가 손가락질하는 행동을 하고도 죄책감을 느끼지 못한다. 그 반대편에는 자신에게 초인적인 능력을 기대하며 아무리 사소한 실수에도 자신을 들볶고 모든 일에 책임감을 느끼고 죄책감으로 괴로워하는 사람들이 있다. 양 극단의 중간에 선 사람들은 옳고 그름의 가치관이 있어서 그에 따라 자신의 행동을 평가한다. 이들은 잘못을 했다고 해서 자신을 단죄하지 않는다.

- 타인의 생명과 재산을 무시하고 책임을 거부하는 사람들
- 가치관을 갖추고 괜한 죄책감으로 자신을 들볶지 않는 사람들
- 가치관을 갖추고서 그것을 위반할 경우 자신을 단죄하는 사

7. "죄책감을 못 느끼는 건 자기가 다 잘했다고 생각하기 때문이다."

아니다. 그렇지 않다. 죄책감을 못 느껴도 과거의 자기 행동을 잘못이라 생각할 수 있다. 다만 잘못한 행동에 대해서는 책임감을 느끼고 뉘우치지만 그렇다고 해서 자신을 거부하고 나쁜 인간이라 비난하지는 않는다. 자신의 행동이 잘못이라는 판단만으로도 충분히 그 잘못을 고칠 수 있기 때문이다. 죄책감을 느낀다고 해서 반드시 잘못을 고치지는 않는다. 심지어 죄책감을 알리바이로 이용하는 사람들도 많다. 죄책감을 느낀 것으로 자신을 용서하고 다시 또 잘못을 저지르는 것이다.

8. "죄책감을 느끼는 건 잘못했다는 증거이다."

아니다, 그렇지 않다. 죄책감은 자신과의 대화와 평가가 낳은 결과물이다. 죄책감은 그저 우리가 우리의 규범과 기대에 어긋난 행동을 했고 그로 인해 자신을 비난한다는 증거일 뿐, 우리가 실제로 잘못을 했다는 증거는 아니다. 가령 많은 사람들이 자신도 어찌할 수 없는 일에 죄책감을 느낀다. 그런 죄책감은 비합리적이고 유해하다. 1에서 8까지 죄책감에 읽힌 이 모든 미신은 우리에게 죄책감을 느껴야 하며 죄책감이 옳다고 속삭인다. 따라서 이 미신들이 변화를 가로막는 걸림돌이라는 사실을 잊지 말아야 한다. 특히 8번 "죄책감을 느끼는 건 잘못했다는 증거이다."는 아주 무서운 걸림돌이다. 따라서 이 미신에 대해서 조금 더 설명을 추가하고 싶다.

아래의 상황을 상상해보자

시내에 쇼핑을 하러 갔다. 마침 어떤 구두 가게를 지나다가 정말로 마음에 드는 구두를 발견했다. 들어가서 신어보니 가죽도 부들부들하고 가지고 있는 여름 정장과 색깔도 딱 어울리며 발도 엄청 편하다. 그런데 가격이 당신 수준에는 어마어마하게 비싸다. 몇 번을 고민하고 망설이다가 결국 결심을 하고 그 구두를 산다. 집으로 돌아오는 길에 당신은 고민에 빠진다.

"꼭 사야 했을까? 애들 옷이 더 급하지 내가 이렇게 비싼 구두가 왜 필요해? 대출금도 갚아야 하는 처지에 말이야. 아프리카 아이들은 먹을 것이 없어서 굶주리는데 나는 이렇게 낭비를 하다니 너무 이기적인 것 아닐까?"

당신의 죄책감은 이렇게 생겨난다

A 상황

무슨 일이 일어났는가? - 당신이 OOO원짜리 구두를 산다.

B 평가

당신은 자신의 행동과 자신을 어떻게 평가하는가? - 당신은 자신을 아이들 옷은 안 사주고 대출금도 안 갚는 이기적이고 낭비벽 심한 인간으로 평가한다.

C 감정과 행동

당신은 어떻게 느끼고 행동하는가? - 당신은 죄책감으로 새 구두를 산 기쁨을 망친다.

여기서 다시 한 번 명확해진다. 당신의 죄책감은 부정적 평가의 결과이다. 그래서 어떻단 말인가? 이 상황에서 당신은 꼭 죄책감을 느껴야만 할까? 죄책감이 잘못했다는 증거일까? 자신이 잘못을 했다고 생각하기에 당신은 죄책감을 느낄 수밖에 없다. 하지만 정말 잘못했을까? 물론 지금 여기서 이 질문에 바로 대답하기는 어렵다.

나는 당신이 어떤 가치를 추구하는지 모른다. 아마 당신에게는 나름의 지출 한계선이 있을 것이다. 자신의 옷이나 구두에 어느 정도 돈을 쓸 것인지 나름의 기준이 있을 것이다. 그 액수를 넘었기 때문에 죄책감을 느낄 것이다. 혹은 매일 어느 정도 액수를 저축하여 좋은 일에 쓰자고 결심을 했는데 구두를 사는 바람에 이번 달에는 돈을 모을 수 없게 되었을지도 모르겠다. 또는 아이들 옷을 사려고 쇼핑을 갔는데 그 구두를 보고 그만 혹해서 질러버렸을 수도 있다. 만일 그렇다면 실제로 당신은 잘못을 저질렀다.

그럼 이제 이런 질문이 가능할 것이다. 그렇다고 해서 꼭 자신을 이기적이고 낭비벽 심한 인간으로 몰아붙이며 비난해야 하는가? 너무 지나친 결론이 아닐까? 살면서 당신이 주변 사람들에게 베풀었던 적은 없는가? 자식이나 남편을 위해 하고 싶은 걸 꾹 참았던 순간은 없는가? 또 설사 이번 한 번은 낭비를 했고 이기적으로 굴었다 해도 그게 뭐가 그리 나쁜가? 당신에게는 그 정도의 권리가 있지 않은가? 당신이 구두를 샀다고 해서 누군가의 생명이 위태로워졌는가? 당신이 죄책감을 느낀다고 해서 텅 빈 통장에 돈이 들어오는가? 죄책감으로 새 구두를 산 기쁨을 망친다고 해서 누구에게 득이 되는가? 당신이 그 구두를 산 것은 사는 순간 그것을 신고 정장을 입은 자신의 멋진 모습을 상상했기 때문이다. 혹은 속 썩이는 남편에게 복수를 하려고 샀을 수도 있다. 어쨌거나 사기로 마음먹은 그 순간엔 아프리카의 가난도, 대출금도, 아이들 옷도 떠오르지 않았고 그것들이 그렇게 중요하다고 생각하지도 않았다.

지금 당신 손에는 구두가 든 쇼핑백이 들려 있고 당신이 죄책감을 느낀다고 해서 그것을 다시 가게로 돌려보낼 수도 없다. 당신이 할 수 있는 것은 어떻게 해야 앞으로는 혹하지 않을 수 있을까 고민하는 것뿐이다. 이 사례에서도 알 수 있듯 죄책감이 반드시 '잘못된' 행동의 증거인 것은 아니다. 죄책감에서 벗어나고 싶다면 자신과의 대화를 잘 살펴보고 필요하다면 고쳐야 한다. 하지만 해묵은 프로그램을 고치기란 말처럼 쉬운 일이 아니다. 생각을 바꾸는 과정을 거쳐야 하기 때문이다. 이제부터 당신에게 그 생각 바꾸기 과정을 설명하려 한다.

 **3.3**

생각 바꾸기 5단계

습관으로 굳어진 생각이나 행동을 고치고 새로운 습관에 익숙해지려면 5단계를 거쳐야 한다. 특히 죄책감의 경우 생각 바꾸기 과정이 매우 힘들다. 당신이 죄책감 때문에 괴로워서 이 책을 샀다고 가정해보자. 당신은 자신이 과거에 잘못을 했기에 비난받아 마땅하다고 굳게 믿고 있다. 죄책감을 더는 느끼고 싶지 않지만 동시에 죄책감을 느끼는 것이 옳다고 믿고 있다. 그렇다면 이미 당신은 헤어날 수 없는 덫에 빠진 것이다. 죄책감이 정당하며, 죄책감을 느껴 마땅하다고 생각하는 한 절대로 죄책감에서 벗어날 수가 없으니 말이다. 다시 한 번 앞에서 배운 죄책감의 모델을 기억해보자.

A 상황

당신이 어떤 행동을 하고, 말을 하고 생각을 하고 느꼈다.

B 자신과의 대화/평가

당신은 그 행동, 생각, 말, 감정을 잘못이라고 평가하며 자신을 나쁜 인간이라고 비난한다.

C 감정과 행동

당신은 죄책감과 그에 따른 신체 반응을 느낀다.

　　당신은 사건(A), 즉 과거의 자기 행동을 바꿀 수가 없다. 그저 당신의 평가(B)와 당신의 죄책감 및 신체 반응(C)에 영향을 미칠 수 있을 뿐이다. 과거의 행동이 틀렸고 그래서 당신이 나쁜 인간이라는 당신의 기존 평가를 유지하고 싶다면 당신은 절대 죄책감을 털어버릴 수 없다. 죄책감을 해소하기 위해서는 당신의 평가와 결론을 손봐야 한다. 당신의 평가가 과연 옳은지 다시 한 번 따져봐야 한다. 그 행동이 정말 잘못일까? 혹시 나에게 거는 기대가 너무 과도한 것은 아닌가? 설사 당시 그 행동이 부적절했다 해도 과연 나는 이제 두 번 다시는 잘 살지 못할 무가치하고 구역질 나는 인간인가? 그렇게 따져 묻다 보면 아마 이런 결론에 도달할 것이다.

　　새로운 평가 : 나의 행동은 부적절했고 나의 도덕적 원칙에 맞지 않았다. 나는 잘못을 저질렀다. 정말 속상한다. 따라서 나는 내 실수를 인정하고 그것을 만회하기 위해 노력할 것이다. 하지만 그 한 번의 잘못으로 내가 천하에 몹쓸 인간이 되었다고는 생각하지 않는다.

자동적으로 진행되던 과거의 프로그램을 이렇게 점검하는 것이야 말로 변화로 향하는 첫걸음이다. 당신은 이제 자신의 평가가 지나치게 부정적이라는 사실을 머리로 깨달은 것이다. 그래서 우리는 이 단계를 이론적인 깨달음이라 부른다.

첫 번째 단계 : 이론적인 깨달음

가장 가벼운 걸음인 이 첫걸음은 지성적 판단이다. 당신은 해묵은 프로그램을 점검하여 보다 현실적인 평가와 결론을 이끌어낸다. 몇 번만 연습해보면 이 첫걸음은 금방 뗄 수 있을 것이다.

두 번째 단계 : 연습

"그걸 하지 말았어야 했어 난 정말 나쁜 사람이야." 이런 해묵은 비난이 떠오를 때마다 새로운 프로그램을 기억하여 맞서야 한다. 그럼 새로운 문제가 시작될 것이다.

세 번째 단계 : 머리와 가슴의 충돌

마치 자신을 억지로 설득하고 있는 것 같은 기분이 든다. 묵은 생각과 새로운 생각의 권력투쟁이 벌어지지만, 아직도 묵은 생각이 당신의 감정을 좌우하기 때문이다. 머리로는 새로운 생각이 사실과 맞는다고 생각하지만 감정은 그렇지 않다고 우긴다. 그동안 감정에 귀 기울이며 살아왔기에 이 단계에서는 해묵은 습관을 고집할 위험이 높다. 그러니 이 단계에 접어들면 지금껏 내가 한 말이 다 거짓이라는 기분이 들 것이다, 사실 당신은 용서받지 못할 죄를 저질렀기에 죄책감을 느껴 마땅하다는 기분이 들 것이다.

하지만 다시 한 번 상기하라. 당신의 기분은 그저 생각의 결과일 뿐이다. 진실이나 사실과는 아무 상관이 없다. 당신의 몸은 뇌를 통해 당신이 주문한 감정만 만들어낸다. 신체는 수행기관이다. 감정만 보고는 행동의 옳고 그름을 판단할 수 없다. 따라서 악순환에서 벗어나기 위해서는 이 단계에서는, 이 단계에서만은 해묵은 감정을 무시해야 한다. 그 감정에게 여기 있어도 좋다고 허락은 하되 계속해서 새로운 생각을 보살피고 가꾸어나가야 한다. 아마 하루에 수백 번도 더 해묵은 프로그램과 새로운 프로그램이 치열한 토론을 벌일 것이다. 하지만 언젠가는 이 단계를 넘어 다음 단계로 나아갈 수 있을 것이다.

네 번째 단계 : 머리와 가슴의 일치

가장 힘든 단계는 지났다. 이제 당신의 감정은 새로운 프로그램을 믿는다는 신호를 보낸다. 더 이상은 죄책감이 필요치 않다는 기분이 든다. 당신이 잘못을 저지른 건 지극히 인간적이기에 후회되고 안타깝지만 죄책감으로 자신을 괴롭힐 이유는 없다.

다섯 번째 단계 : 새로운 습관

새로운 생각이 자동적으로 떠오를 것이다. 마음은 균형과 평화를 되찾았다. 사실 이 변화과정은 새로울 것이 없다. 당신은 이미 수 백 번도 더 그런 과정을 거쳤을 것이다. 커피에 설탕을 넣고 음식에 소금을 더 치고 다리를 꼬는 습관을 버릴 때에도 이 과정을 거쳤다. 새해를 맞이할 때마다, 옷장 청소를 할 때마다, 자동차를 새로 살 때마다 습관을 바꾸기 위해 노력했다. 한동안은 잘못하고 있다는 기분이 들었을 것이고 몇 번은 다시 해묵은 습관으로 되돌아가기도 했을 것이다. 그 변화의 과정을 통해 당신은 습관은 고칠 수 있고 언젠가는 노력하지 않아도 자연스럽게 새로운 행동을 하게 된다는 사실을 배웠을 것이다. 확실한 것은 단 하나, 당신에겐 모든 생각과 행동의 습관을 바꿀 수 있는 능력이 있다. 그리고 그것이 무슨 짓을 했건, 어떤 자책을 하건, 당신이 반드시 죄책감으로부터 해방될 수 있다고 내가 확신하는 이유이기도 하다.

4

죄책감을 느낄 때 우리가 저지르는

생각의 오류

죄책감은 자신과의 대화가 낳은 결과이다. "그러지 말아야 했는데 그랬어. 그러니까 나는 미움받아도 싼 인간이야." 내가 이런 부정적인 자신과의 대화를 반복하여 언급하는 이유는, 이것이 변화의 기초이기 때문이다. 이런 대화들에 몇 가지 기본적인 오류가 숨어 있기 때문이다. 그럼 무엇이 틀렸는지 차근차근 살펴보기로 하자.

우리는

1. 자신의 행동으로 인해 어떤 일이 일어날지를 미리 예상하고 알 수 있어야 한다고 요구한다.
2. 자신의 행동이 잘못인 줄 알면서도 행동할 수 있어야 한다고 요구한다.
3. 자신의 행동, 다시 말해 자신이 한 행동이나 말만 비난하는 것이 아니라 자신이라는 인간 그 자체를 비난한다.
4. 자신이 어떻게 할 수 없는 것을 기준으로 자신의 행동과 인성을 평가한다. 자신이 통제하기 힘든 것도 자기 책임이라고 주장한다.
5. 지금의 기준과 관념을 잣대로 과거의 행동을 판단한다.

이런 생각의 오류들을 조금 더 쉽게 설명하기 위해 한 가지 예를 들어보겠다. 당신의 절친 A가 당신의 생일날 직접 그린 그림을 선물했다. 그런데 안타깝게도 그림이 당신 마음에 들지 않았다. 하지만 친구가 마음 상해 할까 봐 당신은 웃는 표정으로 너무 마음에 든다고 말했다. 절친이 가고 난 후 당신은 다른 친구 B에게 전화를 걸어서 하소연을 했다. 그림이 마음에 들지 않아서 걸어놓고 싶지 않지만 A가 집에 자주 올 테니 안 걸어놓을 수도 없다고 말이다.

당신은 B를 믿고 한 말이었는데 B는 그 말을 듣자마자 조르르 A에게 전화를 걸어 사실을 다 털어놓았다. A는 화가 나서 당신에게 전화를 걸었고 두 번 다시 상종하지 않겠노라고 선언했다. 당신은 이 모든 사태의 책임을 자신에게 돌린다. "B가 그렇게 입이 싼 줄 몰랐던 내 탓이야. A에게 그냥 솔직하게 그림이 우리 집과는 안 어울린다고 말할 걸 그랬어. 난 친구 자격도 없어."

생각의 오류 1번

우리는 자신에게 미래를 내다볼 수 있는 초능력을 요구한다.

앞의 사례에서 당신은 두 친구의 반응을 미리 예상했어야 한다고 주장한다. 이게 과연 현실적인 요구일까? 설사 친구 B가 예전에도 한 번 고자질을 한 적이 있다 해도 이번에도 또 그럴지는 누가 알겠는가? 자신의 행동이 내일 어떤 결과를 낳을지 100% 아는 사람은 세상에 하나도 없다. 어쩌면 당신은 지금 이런 반박을 하고 싶을지도 모르겠다.

"물론 다 아는 사람은 없겠지요. 하지만 그 상황에서 나는 알 수 있지 않았을까요?"

미안하지만 대답은 "아니오"다. 미리 안다면 더 좋았겠지만 당신은 몰랐고 또 알 수도 없었다.

생각의 오류 2번

우리는 잘못인 줄 알면서도 행동할 수 있어야 한다고 요구한다.

당신이 친구에게 거짓말을 한 것은 친구가 혹시 속상할 까봐 걱정이 되어서였다. 정직하지 않을 이유가 있었던 것이다. 당신은 거짓말을 해서 우정을 지킬 수 있다고 믿었다. 당신의 판단이 정반대의 결과를 몰고 올 줄은 전혀 예상치 못했다.

한 번 자신을 가만히 관찰해보면 우리는 절대 잘못이라고 백 퍼센트 확신하는 행동은 하지 않는다는 사실을 확인할 것이다. 가령 당신은 시속 80킬로가 규정인 도로에서 시속 120킬로로 달리는 건 잘못이라는 사실을 알고 있다. 하지만 "도로가 텅 비었는데 무슨 일이 있겠어?"라고 생각한다면 자신이 옳다고 느낄 것이다. "급해. 약속에 늦지 않으려면 속도로 높여야 해." "속도 규정이 왜 필요해? 누가 이런 걸 지키겠어? 나 정도의 실력이면 속도를 더 높여도 문제없어." 이런 생각이 들면 속도를 높이는 자신의 행동을 옳다고 생각할 것이다. 속도로 높였다가는 타인이나 자신이 죽을 것이라는 사실을 백 퍼센트 알았다면, CCTV에 찍혀 면허정지가 될 것이라는 사실을 정확히 알았다면 아마 당신은 당연히 80킬로 규정을 지켰을 것이다. 그렇지 않은가?

당신은 옳고 그름을 스스로 결정하고 그것이 옳다고 느끼며 그에 따라 행동한다. 친구와의 상황에서도 친구를 위해 거짓말을 하는 것이 옳다고 판단했다. 따라서 거짓말을 했다. 생각이 달랐다면, 가령 어차피 알게 될 테니 솔직하게 말하는 것이 낫다고 생각했거나, 우정은 진실해야 한다고 생각했다면 행동도 달랐을 것이다. 우리 모두는 그렇게 행동한다. 주어진 순간에 우리가 옳다고 생각했다면 나중에 잘못임이 밝혀졌다고 해서 다르게 행동했기를 기대하는 건 아무 의미가 없다. 우리 모두는 매 순간 최선이라고 확신하는 행동을 한다.

생각의 오류 3번

행동뿐 아니라 인간 전체를 비난한다.

앞의 사례에서 당신은 자신의 인간성을 의심한다. 물론 당신은 친구에게 거짓말을 했고, 그건 당신이 생각하는 우정에 어긋나는 행동이다. 하지만 친구를 잃지 않기 위해서는 다른 방법이 없다고 생각했다. 그게 잘못이었고, 또 당신은 그 잘못을 뉘우치고 있다. 하지만 이 한 번의 행동이 우정의 모든 것은 아니다.

당신은 지금껏 믿을 수 있는 친구였고 상대를 위해 언제나 최선을 다했다. 당신은 좋은 친구도 아니고 나쁜 친구도 아닌 타인을 존중하고 공정하게 대하는 한 사람의 인간일 뿐이다.

"착한 짓을 하면 착한 사람이고 나쁜 짓을 하면 나쁜 인간이다"는 공식에 따라 자신을 평가한다면 아주 많은 문제가 생길 것이다. 일단 감정이 시소처럼 오르락내리락할 것이다. '착한' 인간인 순간에는 기분이 좋을 테지만 '나쁜' 인간인 순간에는 다시 기분이 나빠질 테니 말이다. 하지만 우리의 행동이 곧 우리인 것은 아니다. 우리 행동은 좋을 때도 있고 나쁠 때도 있지만 우리의 인성, 인간으로서의 가치는 그 행동으로 인해 달라지지 않는다. 우리는 결점 많은 인간이고 앞으로도 그럴 것이다. 우리는 그저 최대한 잘못을 줄이려 노력할 수 있을 뿐이다.

생각의 오류 4번

우리의 행동과 인성을 우리가 어떻게 할 수 없는 일에 따라 평가한다.

앞의 사례에서 당신은 자기 행동에 백 퍼센트 책임을 져야 한다. 당신은 친구에게 거짓말을 했다. 물론 중간에서 다른 친구가 말을 전하지 않았다면 별문제 없이 지나갔을 수도 있다. 하지만 설사 전했다 하더라도 당신의 거짓말에 대해 친구가 어떤 반응을 보일지는 그의 문제이다.

세상 모든 사람이 그 친구처럼 화가 났다고 해서 당장 마음을 그대로 표현하며 절교를 선언하지는 않는다. 실망을 해서 잠시 관계가 소원해질 수는 있어도 우정을 유지하는 사람들도 있다.

당신의 친구가 절교를 선언한 데에는 세 사람이 관여했다. 당신, 당신 친구, 말을 전한 친구. 당신이 책임질 수 있는 것은 당신의 행동뿐이다. 물론 당신의 행동에는 백 퍼센트 책임을 져야 하겠지만 타인과의 관계를 당신 뜻대로 할 수 있다는 생각은 착각이다.

생각의 오류 5번

지금의 기준과 관념으로 과거의 행동을 평가한다.

이 오류는 앞의 사례로는 설명할 수 없다(그래서 다른 예를 하나 더 들어볼까 한다). 가령 어떤 남자가 어릴 때 공부가 하기 싫어서 대충 아르바이트를 하며 살았는데 나중에 '왜 진즉 공부를 안 했을까' 후회하며 자책에 시달린다. 또 젊을 때 부모님과 연을 끊었는데 부모님이 다 돌아가시고 나서 자신이 어리석었다며 자책을 한다.

나이가 들어 경험이 많아지면 자연스럽게 가치관도 변한다. 하지만 과거에 옳다고 판단했던 행동을 이제 와 후회하며 자책을 해본들 무슨 소용이 있겠는가? 당시에는 얼른 돈을 버는 게 옳다고 생각했고, 부모님의 간섭이 지긋지긋했다. 물론 지금 와서 돌이켜보니 당시의 행동이 너무나 어리석었다. 그래서 후회하고 뉘우치는 건 그럴 수 있겠지만 그것으로 자신의 마음에 채찍을 가하며 스스로를 괴롭히는 건 쓸데없는 짓이다.

5

어떤 사람들이 죄책감에 특히
취약할까?

건강한 사람은 죄책감을 느낄 줄 안다. 하지만 평생 죄책감을 한 번도 느끼지 않는 극소수의 사람들이 있다. 선과 악의 규범이 없거나 고작 한 번의 실수로 자신의 인성 전체를 단죄하지는 않겠다는 사람들이다. 그 반대편에는 세상 모든 잘못이 다 자기 탓이라 생각하며 매일 죄책감에 시달리는 사람들이 있다. 아침에 눈을 뜨면서부터 죄책감에 시달려서 밤에 눈을 감을 때까지 죄책감에 시달린다. 그런 사람들은 아래와 같은 특징이 있다.

1. 완벽주의

자신에게 비현실적으로 높은 기대를 건다. 자신은 항상 올바르게 행동하고 언제 어디서나 고매한 도덕적 가치를 실천해야 한다고 생각한다. 남에게 절대 해를 끼치거나 상처를 주어서는 안 된다. 따라서 조그마한 실수에도 자책을 한다. 이들은 모 아니면 도다. 완벽하게 옳지 않으면 전부 다 틀렸다. 그러다 보니 자칫 잘못을 저지를까 봐 모험에 뛰어들거나 결단을 내리지 못한다.

2. 열등감과 불안

자신을 열등하고 나쁜 사람이라고 생각한다. 이런 열등감의 안경을 쓰고 주변의 반응을 바라보기에 웃음은 비웃음이고 비판은 비난이다. 남들의 욕망이 우선이므로 자신의 욕망은 한 걸음 뒤로 물린다. 자신이 바라는 바를 알리고 부당한 요구를 거절할 권리가 자신에게는 없다고 생각한다. 자신이 나쁜 사람이란 걸 남들이 알게 될까 봐 노심초사한다.

3. 타인의 문제와 고통에 대한 과도한 책임감과 감수성

굳이 말하지 않더라도 척 보면 남들이 바라는 것을 알아차린다. 스스로를 '인류의 구원자'라 믿고, 자신이 없으면 남들이 다 제대로 살 지 못할 것이라 확신한다. 그래서 모든 일에 책임감을 느끼며, 자신과 상관없는 다른 요인들의 영향력을 과소평가한다.

4. 남의 감정을 자기 행동으로 조종할 수 있다는 생각

남의 감정에 책임이 있다고 생각한다. 자신이 남에게 상처를 줄 수 있고 심한 경우 마약중독에 빠지거나 죽게 만들 수도 있다고 믿는다. 그래서 남이 기분이 안 좋으면 자신이 그렇게 만들었다고 생각해 스스로를 비난한다.

여성들이 죄책감에 더 취약한가?

죄책감 때문에 우리 상담실을 찾는 환자들만 보아도 여성의 비율이 월등히 높다. 여성들은 온갖 일에 죄책감을 느낀다. 남편이 성생활에 만족하지 못해도, 일하느라 아이를 어린이집에 맡겨도, 어머니를 요양원에 보내도, 남편이 바람을 피워도, 저녁 반찬이 맛이 없어도 다 자기 탓이라 생각한다. 앞에서 배웠듯 죄책감은 잘못을 저질렀다는 평가와 그에 따른 자기비판의 결과이다.

죄책감은 스스로에게 부과하였고 스스로가 받아들인 규칙

과 자신의 행동이 불일치할 때 생겨난다. 그렇다면 남성과 여성에게 다르게 적용되는 교육원칙과 규칙이 있는 것일까? 여성을 죄책감에 더 취약하게 만드는 규칙이 있는 것일까? 나는 이 질문에 "네"라고 대답할 것이다. 그렇다면 여성은 과연 어떤 교육 원칙과 규칙을 배우며 자라는 것일까?

여성들은 교육을 통해 어떤 자세를 배울까?

• 아직도 여성이 열등하다고 생각하는 문화권이 많다. 심지어 인도나 중국 같은 곳에선 여자아이가 태어나면 죽여 버리기도 한다. 남아선호 사상이 많이 옅어지긴 했지만 아직도 아들이 있어야 집안의 대를 이을 수 있다고 믿는 어른들도 많다. 여자아이들은 이런 식의 홀대를 무의식적으로 느끼고 아들로 태어나지 못한 잘못에 죄책감을 느낀다. 어른이 되어서도 세상 곳곳에서 여성 차별이 목격된다. 똑같이 일해도 여성은 남성보다 임금이 더 낮고 승진기회도 훨씬 적다. 종교, 정치, 학문 등 분야를 막론하고 높은 자리는 모두 남자들의 차지다. 그렇다 보니 대부분의 여자아이들은 어른이 될 무렵엔 이미 자괴감과 열등감이 너무 심해져서 계속해서 외부의 인정을 갈구하게 되고 그것에 의지하게 된다. 이런 현실이 죄책감에 미치는 영향은 두 가지이

다. 첫째, 자존감이 낮으면 모든 것에 죄책감을 느낄 확률도 높아진다. 그래서 여성들은 자기 행동에 이런저런 이유를 대고 변명을 늘어놓는다. 둘째, 사회의 기대를 어기고 직장에서 승승장구해도 잘못한 것 같아서 죄책감을 느낀다.

- 종교도 여성 차별적이다. 성경에선 여자의 잘못으로 인류가 낙원에서 쫓겨났다고 적혀 있다.

- 동화 속 여성은 약해서 백마를 탄 왕자가 나타나 구해줄 때까지 기다려야 한다.

- 딸은 엄마를 인생 모델로 삼는다. 그런데 그 엄마가 가정에서 일어나는 모든 문제에 죄책감을 느낀다. 아이들 성적이 떨어져도, 생활비가 모자라도, 아이들이 아프거나 예의가 없어도, 출근길에 와이셔츠가 다려져 있지 않았어도 아빠는 엄마 탓을 하며 잔소리를 해댄다.

- 여자아이들은 가정의 화목을 책임지는 당번이다. 상냥하고 잘 참고 너그럽고 명랑하며 많이 베풀고 눈치 빠르며 헌신하는 여성이 옳다고 배운다. 남자아이들은 울지 않고 씩씩하며 투지를 불태워야 진짜 남자라고 배운다.

- 여자아이들은 얌전하게 굴고 주변 분위기에 맞추라고 배운다. 화가 나도 참고 분란을 일으키지 말라고 배운다.

- 여자아이들은 겸손하라고 배운다. 나서지 말고 잘한 일이 있어도 자랑하거나 잘난 척하지 말라고 배운다.

- 여자아이들은 완벽하라고 배운다. 뭐든 다 잘해야지 그렇지 않으면 야단을 맞는다.

- 여자아이들은 성욕을 느껴서는 안 된다고 배운다. 그래서 여성들은 자신의 성적 취향을 인지하고 그것을 즐기기가 힘들다.

- 여자아이들은 희생하라고 배운다. 자신의 욕망을 억누르고 남을 도울 때 칭찬을 받는다.

- 여자아이들은 가정과 가족과 아이들을 책임져야 한다고 배운다. 요즘은 그에 더해 직장에 나가 돈까지 벌어 오기를 바란다. 여성이 집안일과 육아를 다 책임지고 그것으로도 모자라 돈까지 벌어야 하는 것이다.

- 나이 많은 싱글 남성은 '안정된' 배우자감이지만 나이가 많은 싱글 여성은 '노처녀'일 뿐이다. 아무리 성공했어도 '짝도 하나 못 구한' 무능한 여성인 것이다.

이런 차별적인 교육 원칙아 여성들에게 죄책감을 불러일으킨다. 자신의 욕망을 정직하게 표현하면 자기만 아는 이기적인 여자이고, 남의 부탁을 거절하면 인정머리 없는 야멸찬 여자이다. 열심히 일하느라 결혼을 하지 않으면 출산율을 떨어뜨리는 주범이고, 아이를 낳고 살림을 하면 돈도 못 버는 무능한 여자이며, 아이를 두고 직장에 나가면 나쁜 엄마이다.

물론 모든 여성들이 자동적으로 죄책감에 시달린다는 말은 아니다. 자신은 잘못된 교육의 피해자이기에 이 사회가 책임을 져야 한다고 주장하는 여성들도 있다. 자신의 결정에 당당하고 건강한 자존감을 발산하며 사회의 기대를 훌훌 털어버릴 수 있는 여성들도 있다. 또 반대로 사회가 정한 남자다움의 규칙을 지키지 못해 죄책감에 시달리는 남성들도 있다. 다만 나는 모든 여성이 자라면서 많건 적건 사회의 규칙을 내면화할 것이므로 타고난 능력과 자질을 다 개발하기가 (남성)보다 힘들다는 말이 하고 싶을 뿐이다. 계속 성장하기 위해서는 사회의 규칙을 어겨야 할 것이고 한시적이나마 죄책감에 시달려야 할 테니 말이다. 그러니 이런 죄책감은 지극히 자연스러운 것이며 변화의 지표이다. 절대 잘못을 저질렀다는 증거가 아닌 것이다.

6
인간은 왜 실수를 저지를까?

죄책감에 취약한 사람들의 특징 중 하나가 완벽주의이다. 그러니 궁금하지 않을 수가 없다. 인간은 왜 실수를 저지르는 것일까? 인간이 잘못을 저지르는 이유는 수없이 많다. 가장 잦은 이유로는 다섯 가지가 있다.

1. 무지와 경험 부족
2. 심리적 문제
3. 가치관의 충돌
4. 가치관의 변화
5. 다른 관점과 욕망

1. 무지와 경험 부족

많은 부모들이, 특히 많은 엄마들이 아이 탓에 죄책감을 느낀다. 아이가 잘못되면 그것이 다 자기 책임이라고 생각하고 무능한 자신을 탓한다. 하지만 이런 태도는 득이 되지 않는다. 교육원칙은 시대에 따라 바뀐다. 우유에 영양가가 더 높다고 떠들던 시대가 있었지만 요즘은 모유 수유를 강조한다. 아이를 엄하게 키우라던 시대는 저물고 요즘은 너도나도 아이를 자유롭게 키워야 한다고 주장한다. 전문가들끼리도 말이 일치하지 않을 때가 많다. 게다가 부모 교육을 받고 부모가 되는 사람은 없기에 세상 모든 부모는 자신이 받은 교육이나 보고들은 것에 의지할 수밖에 없다. 그래서 첫 아이는 둘째와 다르게 가르치고 대한다.

우리는 아무것도 모른 채 세상에 태어나서 힘들게 경험을 쌓아야 한다. 두 번째로 집을 장만할 때는 아무래도 처음 집을 살 때보다는 실수를 덜 할 것이다. 두 번째 연애는 첫 연애와는 다르다. 나이가 들면 젊을 때보다 자기 몸을 더 챙긴다. 우리는 모든 사건을 예상할 수 없다. 필요한 모든 것을 알아야만 행동하고 결정할 수 있다고 생각한다면 평생 아무것도 못하다 죽을 것이다.

2. 심리적 문제

대부분의 부모는 야단을 치고, 때리는 것이 바람직하지 않다는 걸 잘 안다. 그럼에도 인내의 끈이 뚝 하고 끊어지며 절로 손이 나갈 때가 있다. 자신이 뚱뚱하다는 걸 알면서도 아이스크림을 먹고, 우울증을 털기 위해선 벌떡 일어나 힘차게 하루를 시작해야 한다는 걸 알면서도 이불속에서 미적대는 것과 같은 이치이다.

이런 행동들의 공통점은 부적절한 행동 뒤에 심리적인 문제가 숨어 있다는 것이다. 이런 문제는 당사자가 자책을 하고 죄책감을 느낀다고 해서 해결되지 않는다. 오히려 죄책감이나 자책이 더 그런 행동의 빈도를 높인다. 알코올 중독자는 죄책감을 잊으려고 술을 마신다. 자신이 잘못했다고 자책하는 부모는 더 아이에게 안달복달을 할 것이고, 우울증 환자는 자책으로 인해 더 희망을 잃을 것이다. 잘못된 행동 뒤에 숨은 마음자세를 고치고 새로운 행동방식을 훈련해야만 보다 적절하게 행동할 수 있을 것이다.

3. 가치관의 충돌

많은 상황에서 서로 다른 두 가치관이 충돌한다. 가령 친구가 이사를 하는데 가서 도와주어야 한다고 생각하면서도 주말을 조용히 혼자 보내고 싶다. 괜찮은 프로젝트에 동료도 참여시켜주면 좋겠지만 혼자서 잘 해내서 얼른 승진을 하고 싶은 마음도 크다. 남편에게 상처를 주고 싶지는 않지만 더 이상 그와 함께 살 수는 없을 것 같다. 크리스마스에 남편과 오붓하게 둘이 보내고 싶지만 기다리고 있을 부모님 생각에 마음이 편치가 않다. 우리는 덫에 빠진다. 어떤 결정을 내리건 한 가지 원칙은 위반할 수밖에 없다. 따라서 우선순위를 정하고 모든 원칙에 다 충실할 수는 없다는 사실을 인정해야 한다.

4. 가치관의 변화

나이가 들면 인생의 목표도 변한다. 젊을 때는 필사적이던 것도 나이가 들면 온화한 미소로 대할 수 있다. 과거의 결정을 지금 눈으로 보면 후회되는 것도 있고 잘못인 것도 있다. 하지만 그것으로 인해 자책을 한다면 당시의 우리는 그럴 수밖에 없었다는 사실을 놓치는 것이다. 우리가 당시에 지금과 같은 결정을 내릴 수 있으려면 지금과 똑같은 조건이어야만 한다. 우리의 행동은 항상 행동하는 그 순간의 생각에 좌우된다.

5. 다른 관점과 욕망

우리는 예언가가 아니다. 어떤 행동을 해야 마땅한지를 고민할 때는 항상 우리 자신에게서 출발할 수밖에 없다. 상대방의 입장이 되어보려고 노력할 수는 있겠지만 그가 우리 행동에 어떤 반응을 보일지 완벽하게 알아맞힐 수는 없다. 그저 조심하고 신중하게 상대를 대할 수 있을 뿐이다. 하지만 아무리 조심해도 상대가 상처를 받고 실망을 하고 화를 낼 수 있다.

두 사람이 같은 시간에 정확히 같은 욕망을 품기란 거의 불가능하다. 한쪽은 친구들과 어울리고 싶지만 다른 쪽은 집에서 조용히 쉬고 싶다. 한쪽은 외식을 하고 싶지만 다른 쪽은 집에서 그냥 대충 먹었으면 좋겠다. 한쪽은 산책을 했으면 좋겠고 다른 쪽은 TV나 봤으면 좋겠다. 그러니 상대의 실망이 전부 내 잘못이라고 생각한다면 문제가 발생하지 않을 수 없다. 딱 한 번 하고 싶은 대로 했을 뿐인데 상대가 실망을 하더라도 나는 죄책감에 빠져 허우적대야 할 테니까 말이다. 그러지 않기 위해서는 자신의 바람대로 할 수 있는 권리를 인정하고 상대의 반응은 상대의 결정임을 잊지 않아야 한다. 중요한 것은 균형이다. 누구나 가끔은 자신의 바람을 뒤로 물리고 상대의 바람에 귀를 기울일 필요가 있다.

당신의 가슴을

짓누르는

돌 하나가

있다면

7

죄책감을 벗어던지려면 배워야 할

전략들

지금까지는 죄책감이 어떻게 생기고, 무엇이 죄책감의 해소를 방해하는지 설명했다. 이제 죄책감을 해소할 전략을 알아보기 전에 다시 한번 죄책감에 대한 내 개인의 입장을 정리해보고 싶다.

- 당신 자신 말고는 세상 그 누구도 당신의 죄책감을 덜어줄 수 없다.

- 당신이 허락하지 않으면 세상 그 누구도 당신 마음에 죄책감을 욱여넣을 수 없다.

- 죄책감이 정당한지, 계속 죄책감으로 괴로워할 것인지, 그건 오직 당신의 결정이다.

- 당신이 어떤 도덕 원칙과 규칙을 선택하더라도 그건 내가 관여할 사안이 아니다. 당신에겐 당신 나름의 가치관과 도덕 원칙을 선택할 권리가 있다.

- 기존의 가치관이 더 이상 맞지 않을 경우 당신에겐 그것을 점검하고 수정할 권리도 있다.

- 죄책감을 느낀다고 해서 더 나은 인간이 되지는 않는다. 오히려 죄책감이 변화를 방해할 수 있다.

- 당신은 당신의 행동에 책임이 있다. 하지만 자신의 행동으로 인해 당신의 인성까지 비난할 필요는 없다. 잘못을 저질렀다고 해도 잘못을 뉘우치고 어떻게 그 잘못을 고치고 방지할 수 있을지 고민하는 것으로 충분하다.

자, 이제부터 본격적으로 변화의 전략들을 소개할 것이다.

앞에서 배운 내용이 기억나는가? 생각을 바꿀 때는 항상 "그렇긴 하지만……"이라는 생각이 들면서 왠지 자신을 억지로 설득하는 것 같은 기분이 드는 순간이 있다. 그럼에도 정말로 바란다면 생각을 바꿀 수 있다. 어떤 자세로 사건을 대할 것이며 과거의 자기 행동을 어떻게 바라볼지는 오직 당신의 결정인 것이다.

죄책감을 후회로 바꾸면 좋은 점

어떤 좋은 결과가 기다리고 있을지를 알면 변화에 뛰어들기도 수월할 것이다. 따라서 죄책감을 후회로 바꾸면 어떤 좋은 점이 있는지 일단 간략하게 훑어보자.

- 몸이 좋아질 것이다.
- 건강에 이로운 행동을 할 것이다.
- 잘못을 인정하고 그 잘못에 당당할 수 있을 것이다.
- 남들의 잘못도 쉽게 받아들일 수 있을 것이다.
- 자기 행동의 책임을 지고 그것을 분석할 수 있을 것이다.
- 잘못을 고치고 예방하는 데 에너지를 투자할 수 있을 것이다.
- 자존감과 자신감이 커질 것이다.
- 사회규범과 남들의 기대를 무시할 수 있을 것이다.

- 자신의 욕구를 더 챙길 수 있을 것이다.
- 당신의 행동 이외에 다른 어떤 요인이 그 상황에 일조했는지를 곰곰이 따져볼 것이고, 남의 잘못이나 어쩔 수 없는 상황의 책임까지 당신이 다 짊어지지 않을 것이다.

이제부터는 죄책감 해소의 일반적인 전략을 소개할 것이다. 그런 후 3부에 가서 죄책감으로 반응하기 쉬운 전형적인 상황들을 알아볼 것이다.

 **7.1**

어떻게 당신의 평가를
점검할 수 있을까?

당신의 죄책감을 점검해볼 준비가 되었는가? 그렇다면 노트 한 권을 준비하자.

[1단계] 전체적으로 살펴본다.

부모님께 배워서 지금까지도 의식적이건 무의식적이건 잘 지키는 규칙이 있다면 어떤 것들이 있는지 한 번 곰곰이 생각해보자. 가령 다음과 같은 규칙들일 수 있겠다.

- 약속 시간을 잘 지킨다.
- 정리 정돈을 잘 한다.
- 빚을 지지 않는다.
- 거짓말하지 않는다.
- 도둑질하지 않는다.
- 사람들이 많은 곳에서 코를 파지 않는다.
- 아이들을 때리지 않는다.

- 아내나 남편에게 거짓말하지 않는다.

- 자기 자랑을 하지 않는다.

- 부모님을 실망시키지 않는다.

- 남의 마음을 아프게 하지 않는다.

- 선물을 받았으면 꼭 갚는다.

- 튀는 행동을 하지 않는다.

- 남의 말을 옮기지 않는다.

- 가족 밖에선 가족 문제를 이야기하지 않는다.

- 아이들 앞에서 부부 싸움을 하지 않는다.

- 부부 싸움을 하더라도 소리를 지르지 않는다.

- 맡은 일을 다 한 후에 논다.

- 실수하면 안 된다.

- 집에서 일어난 일은 밖에 나가 이야기하지 않는다.

- ……

- **이 규칙을 지키지 못하면 나는 나쁜 사람이다.**

직업, 육아, 인간관계, 파트너 관계, 여가활용, 정치적 확신, 종교적 신념 등 각 분야별로 리스트를 작정해보자. 당신은 어떤 규칙을 지키며 사는가? 처음에는 아무 규칙도 없는 것 같지만 문득 하나가 떠오르면 줄지어 주르르 규칙이 생각날 것이다. 아마 습관처럼 따르는 규칙들이 너무 많아 깜짝 놀랄 것이다. 기본적으로 우리가 규칙을 의식할 때는 그것을 위반하여 죄책감을 느낄 때뿐이다. 이런 당신의 규칙에 누가 가장 많은 영향을 미쳤는지 알 수 있겠는가? 아버지, 어머니, 선생님? 아버지와 어머니에게 물려받은 규칙 중 가장 거부감이 심한 규칙 3가지는 무엇인가? 반대로 지금 가장 소중하게 생각하는 규칙 3가지는 무엇인가? 그 규칙을 지킬 때면 어떤 기분이 드는지 가만히 생각해보자.

[2단계] 상황 리스트와 감정의 ABC를 작성한다.

이제 당신이 죄책감을 느끼는 상황을 적어보자. 자책을 하게 되는 모든 행동방식의 리스트를 작성하는 것이다. 감정과 상상도 포함된다. 이 자책의 리스트를 중요도에 따라 정리해보자. 이 중에서 괴롭기는 하지만 가장 덜 성가신 상황을 뽑아보자. 이 상황부터 시작하기로 한다. 자신의 감정을 어떻게 의도적으로 바꿀 수 있을지 가장 빨리 배울 수 있는 상황이니까 말이다.

이 상황을 감정의 ABC에 맞추어 적어보자.

A 상황

무슨 일이 일어났는가? 내가 무엇을 했는가?

___

B 평가

나는 나의 행동을 어떻게 평가하는가? 이 행동이 나의 인성에 미치는 영향은 무엇인가?

___

C 감정과 행동

나는 어떤 기분이며 어떤 행동을 하는가?

___

A 상황은 비디오카메라로 촬영을 하듯 기록해야 한다. 다시 말해 상황을 객관적으로, 그 상황을 경험한 모든 사람이 인식할 수 있는 것만 적어야 한다. 가령 어떤 사람이 A에 이렇게 적었다고 가정해보자.

"끔찍한 일이 일어났다. 내가 애를 때려 피가 났다."

앞부분 "끔찍한 일이 일어났다"는 A가 아니라 B에 적어야 할 내용이다. 상황에 대한 개인적인 평가이기 때문이다. A에는 실제 사건만 들어가야 한다. 그것이 좋고 나쁘고 무섭고 부당하고 잘못되었다는 등의 판단은 B에 적어야 한다. A와 B를 이렇게 구분하는 까닭은 우리가 바꿀 수 있는 것은 우리의 평가뿐, 사건은 바꿀 수가 없기 때문이다. 죄책감의 주요 원인은 적절하지 못한 우리의 평가와 그로부터 끌어낸 잘못된 결론이다.

가령 딸에게 방을 치우라고 다섯 번이나 경고를 했다. 경고를 되풀이할 때마다 화가 자꾸만 치솟는다. 그러다가 여섯 번째로 경고를 했는데 딸이 적반하장으로 당신을 깔끔병 환자라며 비난한다. 결국 참다 참다 터져버린 당신이 자기도 모르게 딸의 따귀를 갈기고 욕을 퍼붓는다. 그렇게 거지새끼처럼 더럽게 살 거면 다리 밑에 있는 너네 식구들한테 가라고 말이다. 그러고는 딸의 방문을 쾅 닫고 밖으로 나온다. 하지만 밤이 되어 자려고 누웠더니 화를 낸 자신이 후회스럽고 따귀까지 때릴 일은 아니었다는 생각에 죄책감이 밀려든다. 당신의 ABC는 이런 모습일 것이다.

A 상황

딸아이의 따귀를 때리고 욕을 했다.

B 평가

그러지 말았어야 했다. 자식을 학대하다니 나는 나쁜 엄마다.

C 감정과 행동

죄책감에 시달린다.

[3단계] 평가와 결론을 점검한다.

상황과 평가를 구분했다면 이제 그 평가와 결론을 점검할 수 있다. 평가를 위해 꼭 제3자가 필요한 것은 아니다. 친구나 심리치료사가 와서 도와준다고 해도 그들이 항상 객관적인 평가를 내릴 수 있는 것은 아니니까 말이다. 친구가 자신의 개인적인 인생관을 근거로 우리 행동을 비판할 수도 있다. "그래, 잘 못 했네. 그러지 말지." 그건 불에 기름을 끼얹는 행동일 뿐, 죄책감을 털어버리고자 하는 우리의 목적에는 아무 도움이 안 된다. 따라서 혼자서도 자기 평가의 정당성을 점검할 수 있도록 아래의 두 가지 질문을 소개할까 한다.

아래의 질문으로 자신의 평가를 점검해 보자.

1. 나의 평가와 결론은 사실과 일치하는가?
2. 나의 평가와 결론이 내가 바라는 기분과 행동으로 나를 이끌어 주는가?

이 두 가지 질문에 "아니오"라는 대답이 나올 경우 자신의 평가를 수정해야 한다. 앞의 사례에 적용해 보자.

첫 번째 질문이다.

"자식을 학대하다니, 난 정말 나쁜 엄마야."

당신의 생각은 사실과 일치하는가? 그렇지 않다. 평소 폭력에 반대하던 당신이 딸의 따귀를 때렸다. 너무 화가 나서 자제하지 못했다. 후회되는 실수였으니 앞으로는 그러지 말아야겠다. 이것이 사실이다. 하지만 아이를 학대했다는 생각은 과장이다. 당신은 아이의 뺨에 살짝 손을 갖다 댔다. 그렇다고 해서 당신이 나쁜 엄마인 것은 아니다. 당신은 지난 10년간 아이를 보살폈고 자식을 성숙한 어른으로 키우기 위해 애쓰고 있다. 한 번의 따귀가 그 모든 것을 물거품으로 만들 수는 없다.

두 번째 질문이다. "자식을 학대하다니, 난 정말 나쁜 엄마야." 이런 생각이 당신이 바라는 기분과 행동으로 이끌어주는가? 그렇지 않다. 그렇게 생각하면 죄책감만 느낄 뿐이다. 당신은 딸과 대화를 나누고 싶고 아이에게 사과를 하고 싶으며 그런 행동의 이유를 설명하고 싶다. 당신의 행동은 유감이지만 딸의 행동 역시 적절하지 않았다. 따라서 차분한 대화를 통해 적어도 일주일에 한 번은 방 청소를 해주었으면 좋겠다는 당신의 뜻을 전하고 싶다. 또 앞으로는 다르게 생각하고 보다 차분하게 대처할 수 있는 방법을 고민하고 싶다.

자신의 평가를 점검할 수 있는 이 두 가지 질문을 명심하라.

1. 나의 평가와 결론은 사실과 일치하는가?
2. 나의 평가와 결론이 내가 바라는 기분과 행동으로 나를 이끌어 주는가?

이 두 질문의 목표는 우리의 평가와 결론이 과연 옳은지 되묻는 것이다. 내가 나쁘다고 평가한 것이 정말로 나쁜가? 정말로 나쁘다면, 그것이 내가 실패자이고 쓸모없는 인간이란 뜻인가? 앞서 1장에서 우리는 우리가 살면서 배운 규칙과 평가를 살펴보았다. 그동안은 부모의 규칙을 맹목적으로 신뢰하여 점검하지 않고 그대로 사용하였지만 지금 우리는 그 규칙을 정신 똑바로 차리고 다시 한번 살필 수 있다. 그럼 많은 규칙이 지금의 시대나 우리 삶과는 맞지 않다는 사실을 확인할 것이다. 그 규칙은 부모님의 깨달음과 경험의 결과이다. 부모님이 옳다고 생각했던 것들의 표현이다. 지금 우리는 성인이고 우리의 인생과 시대에 맞는 새로운 규칙을 정할 권리가 있다. 겁내지 마라. 우리의 생각을 점검하자고 해서 모든 것을 분홍빛 선글라스 너머로 보면서 일체의 책임을 면하자는 것이 아니다. 그저 진실을 말하자는 것이다. 우리도 어쩔 수 없는 일이나 우리의 잘못이 아닌 일을 우리 책임이라 생각지는 말아야 하지만 우리 행동이 해를 입혔을 경우 그 책임을 외면해서도 안 될 것이다.

[4 단계] 새로운 대화를 연습하고 실행에 옮긴다.

여기서는 두 가지 대안이 있다.

대안 1

두 가지 질문으로 점검을 해봤더니 당신의 행동은 부적절하지 않았고 당신은 아무 잘못이 없다. 가령 아들이 교통사고를 내거나 직장에서 갑자기 해고를 당한 경우 그건 당신의 잘못이 아니다. 따라서 죄책감은 쓸모없다.

대안 2

당신의 행동이 그 상황에서 부적절했고 당신이 잘못을 했다는 결론에 도달했다. 하지만 자책은 지나치다는 깨달음이 든다. 이제 와 그 잘못을 없던 일로 만들 수 없으니 죄책감은 아무 도움이 안 된다. 자신이 잘못했다는 결론을 내렸다면 이제부터 무엇을 할지 고민해 보자.

- 잘못을 고치고 싶은가?
- 잘못을 보상하고 싶은가?
- 사과하고 싶은가?
- 앞으로 같은 잘못을 저지르지 않기 위해 노력하고 싶은가?
- 다른 행동으로 갚고 싶은가?

• 잘못을 인정하고 자신을 용서하고 싶은가?

두 경우 모두 자신과의 대화를 새롭게 고쳐야 한다. 낡은 프로그램을 삭제하고 그 위에 새로운 프로그램을 덮어써야 한다. "그런 짓을 하다니. 난 나쁜 인간이야." 이런 자책을 하는 자신을 발견할 때마다 고친 평가로 이 생각을 덮어버려야 한다. 억지로 자신을 설득하려는 듯한, 자신을 속이고 있는 것 같은 기분이 들 수도 있다. 하지만 우리는 **생각 바꾸기** 과정에서는 항상 이런 기분이 든다는 사실을 잘 알고 있다. 이것이 오히려 긍정적인 신호이며 해묵은 사고 패턴에서 벗어났다는 증거라는 사실도 잘 알고 있다. 처음에는 이처럼 해묵은 대화와 새로운 대화가 하루 종일 계속해서 토론을 벌일 것이다.

새로운 평가를 노트에 적어놓고도 연신 까먹는 일도 일어날 수 있다. 그만큼 과거의 생각이 깊게 뿌리를 내렸기 때문이다. 그럴 땐 수첩이나 스마트폰에 새로운 평가를 적어서 들고 다니면서 필요할 때마다 꺼내서 읽어본다.

3-4단계에서 당신은 아마 이 방법이 사고 과정의 변화를 추구한다는 사실을 깨달았을 것이다. 그래서 어쩌면 이런 의심이 들었을지도 모르겠다.

"너무 간단하잖아. 이걸로 되겠어? 이게 통해? 말장난이구먼."

맞다. 실제로 말과 사고과정의 변화이다. 사고과정의 변화가 자기변화의 시작이자 끝이니까 말이다. 계속해서 낡은 생각을 새로운 생각으로 대체하면 간단하게 변화를 이끌어낼 수 있다. 물론 낡은 생각이 계속 역습을 가할 것이므로 예상처럼 쉽지만은 않을 것이다. 하지만 가장 죄책감을 약하게 느끼는 상황부터 시작하면 아마 곧 성취감을 맛볼 수 있을 것이고, 안도감이 밀려들 것이다. 2-4단계를 열심히 쫓아서 따라 하면 반드시 바라던 목표에 도달할 것이다. 시간이 가고, 연습의 횟수가 늘어나면 죄책감도 따라 줄어들 테니 말이다.

무엇을 보면 변화를 감지할 수 있을까?

- **무겁던 마음이 가벼워지고 죄책감이 약해질 것이다.**
- **죄책감과 자책의 횟수가 줄어들 것이다.**

[5단계] 또 한 번 ABC를 작성한다.

죄책감의 강도에 따라 순서대로 적은 상황들을 차례차례 하나씩 뽑아 연습을 한다. 그럼 마지막에는 가장 큰 죄책감으로 당신을 괴롭히는 상황이 남을 것이다. 이 상황도 감정의 ABC를 이용해 **상황 (A), 평가 (B), 감정과 행동 (C)**을 구분한다. 그리고 앞서 배운 두 가지 질문으로 자신의 평가를 점검한다.

"나의 평가와 결론은 사실과 일치하는가?"

"나의 평가와 결론이 내가 바라는 기분과 행동으로 나를 이끌어 주는가?" 대답이 "아니오"라면 그 평가를 수정하고 죄책감이 떠오를 때마다 수정한 평가로 대체한다.

[6단계] 실수 많은 인간임을 받아들인다.

죄책감이 들 때마다 자신에게 물어보자. "내가 의도적으로 그런 행동을 했던가?" "어떤 결과가 나올지 알았을까? 대답이 "아니오"라면 당신은 미래를 내다볼 수 없다는 사실을 상기하라. 행동하던 그 시점에는 자신의 행동이 옳다고 확신했다. 그러니 자신이 실수를 저지를 수 있는 인간임을 인정하고 받아들이자.

[7단계] 행동과 인간을 구분한다.

당신이 실제로 도덕적 원칙에 위배되거나 타인에게 해가 되는 행동을 했다 하더라도 행동과 사람이 동일한 것은 아니다. 그 개별 상황에서 당신이 보인 행동은 그동안 살아오면서 당신이 보였던 수억만 가지 행동 중 하나에 불과하다.

 **7.2**

죄책감이 들 때면,
그 밖에 할 수 있는 것들

아래에서 소개할 추가 전략들은 그 타당성을 내가 이미 환자들에게서 확인한 방법들이다. 아래 내용을 잘 읽고 어떤 방법이 자신에게 가장 큰 도움이 되는지 시험을 통해 찾아보기로 하자. 당장 효과가 나지 않더라도 각 방법 당 최소 4주는 계속 시험해 보아야 한다. 그래도 효과가 없으면 그 방법은 포기한다. 사람마다 생긴 것도, 생각도 각양각색이니 죄책감과 싸우는 프로그램도 다 각양각색일 것이다.

1번 전략 : 믿을 수 있는 사람에게 도움을 청한다.

친한 사람에게 죄책감을 털어놓는다. 혼자 자기 생각에 빠져 있으면 도무지 출구가 안 보일 수 있다. 우리의 상황 판단은 그 순간 우리가 할 수 있는 수준을 넘어서지 못한다. 친구가 있다면 좋을 것이고 없다면 심리치료사도 새로운 관점으로 상황을 바라볼 수 있도록 도와줄 수 있다. 물론 당신의 잘못이 주변 사람들에게는 도저히 납득하고 용서하기 힘든 행동일 수도 있다. 하지만 살인자도 용서를 받는다. 감옥에 있는 죄인이 외부의 사람과 결혼을 했다는 뉴스도 들린다. 그 사람이 결혼을 결정한 것은 살인자에게서 긍정적인 면을 보았기 때문이다. 당신의 친구 역시 당신이 자책하는 행동에서 긍정적인 면을 발견할 수 있을지 모른다.

2번 전략 : 스톱! 이라고 외친다.

생각 바꾸기를 시작하면 적절하지 않은 때에 과거의 자책이 솟구칠 수 있다. 그럼 집중력과 기억력이 쑥 떨어질 것이다. 이럴 땐 생각으로 **스톱**을 외치자. 주변에 아무도 없다면 큰 소리로 **스톱**이라고 외쳐도 좋다. 물론 이 스톱 신호는 죄책감을 잠시 멈추자는 목적이다. 생각을 멈춘 후에는 별도로 생각을 점검하는 과정이 뒤따라야 할 것이다.

3번 전략 : 자책의 시간을 정한다.

죄책감을 느껴 마땅하다는 확신이 들더라도 그 죄책감이 당신의 삶을 엉망진창 휘저어서는 안 된다. 매일 혹은 일주일에 한 번 두 시간! 이런 식으로 자책의 시간을 정하자. 구체적으로 몇 시부터 몇 시까지 자책의 시간을 가질 것인지 확실히 정해야 한다. 그럼 하루 종일 자책하느라 에너지를 허비하지 않으면서도 스스로를 벌하고 싶은 마음에도 응답할 수 있을 것이다. 처음에는 좀 쑥스럽고 부자연스럽게 느껴지겠지만 금방 적응되어 자신이 시간을 일부러 냈다는 사실조차 잊게 될 것이다. 앞의 2번 전략과 함께 사용하면 효과가 확실하다.

4번 전략 : 잘못을 다른 행동으로 갚는다.

더 나은 사람이 되기 위해선 반드시 죄책감이 필요하다는 생각이 들거든 잘못을 속죄할 수 있는 방법이 뭐가 있는지 고민해 보자. 무료 급식 센터에서 자원봉사를 해도 좋고 시간이 없다면 기부를 해도 좋다. 당신의 잘못을 속죄하고도 남음이 있을 구체적인 활동을 찾아서 적극 동참해 보자. 더 나은 사람이 되기 위해 죄책감이 꼭 필요한 것은 아니지만 죄책감을 유익하게 활용할 수 있을 것이다.

5번 전략 : 죄책감의 기한을 정한다.

죄책감을 허락할 기한을 정하자. 가령 한 달 동안 매일 자책을 할 수 있지만 그 이후로는 절대 안 된다고 정하는 식이다. 처음에는 좀 쑥스럽겠지만 금방 익숙해질 것이다. 이 방법 역시 죄책감을 통제하여 결국에는 해소하는 것이 목표이다.

6번 전략 : 자책을 내려놓는다.

이 방법은 내 개인적으로도 큰 효과를 확인한 전략 중 하나이다. 나 역시 죄책감의 회전목마가 돌기 시작하면 좀처럼 멎지를 않는다. "어떻게 그런 짓을 할 수 있지?" 그래서 이런 비난이 들려오면 나는 이렇게 대답한다. "나는 그 순간 옳다고 생각했기 때문에 그런 행동을 했어. 그런 일이 일어난 건 유감이지만 나라고 항상 올바른 행동만 할 수 있는 건 아니잖아. 그 순간에는 최선을 다했지만 나도 인간이니 잘못을 저지를 수 있지." 그 후에는 죄책감이 떠오를 때마다 딱 이 한 마디만 떠올린다. "나는 이미 내려놨어. 나는 그 순간에 할 수 있었던 행동을 했을 뿐이야." 어떨 땐 마음의 긴장이 다 풀리기까지 한나절이 걸리기도 하고 하루 이틀이 걸리기도 한다. 그래도 나는 항상 자신을 용서할 수 있고, 그럴 수 있을 때까지 열심히 노력한다.

7번 전략 : 잘못의 크기를 점검한다.

우리는 자신의 잘못을 부풀려 생각할 때가 많다. 우리의 잘못으로 곧 세상이 망하기라도 할 것처럼 확대경으로 잘못을 키운다. 이럴 땐 자신에게 가만히 물어보자. "나로 인해 누군가의 생명이 위태로운가?"

심리치료사 드리덴Dryden 박사는 자기 잘못의 크기를 알기 위해 이런 방법을 권장한다. 종이에 세로로 줄을 긋는다. 이 줄을 5등분 한다. 제일 위쪽 선에 100%, 그 아래에 75%, 50%,

25%, 0%라고 적는다.

- 100% 나쁘다
- 75% 나쁘다
- 50% 나쁘다
- 25% 나쁘다
- 0% 나쁘다

이제 자신의 잘못이 어디에 들어갈지 고민해 보자. 당신은 얼마나 나쁜 짓을 저질렀는가? 해당 선에 표시를 하자. 다음으로 인간이 저지를 수 있는 가장 나쁜 짓을 생각해 보자. 그 행위를 100% 선에 적어보자. 이런 식으로 자신이 생각하기에 각 숫자에 해당하는 잘못을 적어보자. 70% 나쁜 짓은 무엇일까? 50% 나쁜 짓은 무엇일까? 다 적었다면 다시 자신의 잘못을 돌아보자. 최대한 객관성을 유지하면서 자신의 잘못을 최악의 잘못과 비교해 보자. 다른 잘못들과도 비교해 보자. 자신의 잘못을 다시 평가해 보자. 어디에 넣어야 할까? 아마 두 번째 평가는 첫 번째보다 훨씬 후할 것이다.

8번 전략 : 자신을 용서한다.

거울 앞에 서서 거울 속 자신의 눈을 바라보자. 이름을 부르며 크게 말한다. "(   )야, 난 널 용서할 준비가 되었어. 넌 그 순간 최선을 다했던 거야." 처음엔 웃음도 나고 기분이 묘하겠지만 꾹 참고 일단 몇 번 해보라고 부탁하고 싶다. 내가 아는 가장 효과적인 전략이니까 말이다. 이 방법의 목표는 마음의 평화를 되찾는 것이다. 그러자면 자신의 '과오'를 용서해야 한다. 무엇보다 머리와 가슴의 충돌이 예상되지만 그래도 흔들리지 마라. 머리와 다른 말을 하는 가슴도 지극히 정상이니까 말이다. 용서한다고 해서 자신의 잘못을 용인하라는 말은 아니다. 그저 자신의 잘못을 인정하라는 말이다.

9번 전략 – 비난을 뉘우침으로 바꾼다.

"어떻게 그럴 수가 있어?" "난 나쁜 인간이야." 이런 생각이 떠오를 때마다 표현을 바꾸어 보자.

"후회돼."

"속상해."

"그건 잘못이야."

"달리 어쩔 수가 없었어. 그 순간엔 그렇게 밖에 할 수 없었어. 나도 인간이야. 인간은 누구나 잘못을 하지. 그러니까 난 나를 용서할 거야."

10번 전략 : 속죄한다.

종교가 있다면 각자의 신께 속죄를 하자. 고해성사를 해도 좋고 기도를 해도 좋고 참회의 절을 해도 좋다.

11번 전략 : 남들에게 하듯 한다.

"만일 친구가 찾아와서 당신이 자책하고 있는 그 잘못을 저질렀다고 털어놓는다면 당신은 어떤 말을 해줄까? 자신과 똑같이 비난할까? 우리는 자신보다 남에게 더 관대할 때가 많다. 남에겐 따뜻한 말로 위로를 해주면서 정작 자신은 혹독한 말로 몰아붙인다. 남들에게 다정하고 친절하면서 왜 자신에게는 그러지 않는 것일까? 부당하지 않는가? 남을 용서할 수 있다면 자신도 용서할 수 있다.

아니면 남들보다 '잘난' 사람이 되고 싶은 것인가?

12번 전략 : 상대화한다.

하루 밖에 못 산다면 지금의 그 잘못이 무슨 상관이겠는가? 아마 자신의 잘못에 훨씬 관대할 수 있을 것이다. 남은 하루를 괜한 자책으로 허비하고 싶지 않을 테니까 말이다. 혹은 지금까지 살면서 잘 했다고 느낀 행동들을 떠올려 보라. 한 번의 실수가 바람직한 그 모든 행동을 없는 것으로 할 수 있을까? 물론 이런 방법이 잘못을 없었던 일로 만들지는 못하지만 그래도 그 크기와 의미를 많이 줄일 것이다. 당신은 끝까지 이렇게 고집을 피울 수 있다. "난 달라. 바로 그 행동 때문에 내 인생이 완전히 망했어." 물론 그 행동이 당신의 인생을 완전히 바꾸어놓았을 수는 있다. 하지만 당신이 살면서 이룬 모든 것을 무너뜨릴 수는 없다. 설사 그렇다고 해도 그저 한 번의 실수일 뿐이다. 그리고 인간은 누구나 실수를 한다.

13번 전략 : 자책하지 말고 원인을 찾는다.

"그런 짓은 하지 말아야 했어." 이런 자책으로 우리는 우주의 법칙을 되돌릴 수 있는 것처럼 행동한다. 당시 우리의 지식으로는 그렇게 행동할 수밖에 없었는데도 말이다. 가령 당신이 냄비에 감자를 넣고 물을 부은 다음 불에 올려놓는다. 감자가 다 익을 시간이 되자 당신은 왜 밥이 아니라 감자가 냄비에 들어 있냐고 불평을 한다. 감자를 먹기 위해 필요한 모든 행동을 해놓고는 이제 와서 비현실적으로 밥이 나오기를 기대한다. 지나친 사례라고 생각될지도 모르겠지만 죄책감을 느낄 때 우리 머리에서 진행되는 사고방식이 꼭 이렇다.

우리는 불가능한 것을 요구한다. 다르게 행동했다면 더 올바르고 더 적절했겠지만 그럴 수가 없었다. 잘못을 저질렀던 그 순간 우리는 다르게 행동할 수 없었고 다른 것을 알거나 볼 수 없었다. 그러니 자책하지 말고 그 행동의 원인을 찾아야 할 것이다. 왜 그렇게밖에 행동할 수 없었을까? 그 순간 무슨 생각을 했을까? 그 순간 무엇을 알았을까? 우리는 미래를 내다볼 수 없기에 그 순간 아는 것을 기준으로 결정할 수밖에 없다.

14번 전략 : 죄책감을 받아들인다.

죄책감이 스스로 만드는 것이기에 자기 책임이라는 사실을 알고 나면 또다시 자책을 하기 시작한다. 죄책감이 나쁜 줄 알면서 여전히 죄책감을 느끼는 자신을 비난하는 것이다. 갑자기 문제가 두 배로 불어난다. 죄책감이라는 문제에, 죄책감에 대한 짜증과 원망이 추가된다. 이 문제를 해결하려면 자세를 바꾸어야 한다.

"변화는 시간이 걸리는 거야. 계속 연습하다 보면 절로 죄책감이 없어질 거야. 난 인간이야. 그러니까 항상 잘 할 수는 없지."

 **7.3**

어떻게 해야 앞으로
죄책감을 예방할 수 있을까?

15번 전략 : 완벽주의를 버린다.

"이래야 한다. 저래야 한다. 이러면 안 된다." 이런 말투를 당신의 사전에서 지우자. 대신 이런 말을 집어넣자. "이러면 더 좋을 거야." "저러고 싶어."

"실수하면 안 돼."를 지우고 "실수하지 않기 위해 노력할 거야."를 집어넣자.

"부모님께 잘해야 해." 대신 "부모님께 잘 하는 자식이 되자."를 집어넣자.

"애들한테 큰소리치면 안 돼." 대신 "아이들한테 큰소리치지 말자."를 집어넣자.

16번 전략 : 의무가 아니라 나의 의지와 바람이다.

강요와 의무는 저항과 죄책감, 우울과 불만을 낳기 쉽다. 두 가지 대안밖에 없기 때문이다.

1. 하고 싶지만 하면 안 되는 행동을 해서 남들의 비난을 받고 죄

책감 (혹은 반항심)을 느낀다.

2. 하고 싶은 일을 못 하고 불만과 분노, 우울에 시달린다.

그러니 표현을 살짝 바꾸어보자. "의무니까 해야 해." 대신 "내가 하기로 결심했으니까 할 거야."로, "사람들이 기대하니까 해야 해." 대신 "내가 관심 있으니까 할 거야"로, "해야 하니까 할 거야" 대신 "내가 하고 싶어 하는 거야."로 바꾸어보자.

자신에게 진실을 말하지 않아도 불필요한 부정적 감정이 생겨난다. 실제로 선택은 그 어떤 상황에서도 당신의 몫이다. 집에 강도가 들어와 권총을 당신 머리에 대고 돈을 내놓으라고 협박한다 해도 당신은 돈과 생명 중 선택할 수 있다. 물론 강도를 매일 맞닥뜨리지는 않겠지만, 일상생활에서도 쉬지 않고 주변 사람들이 이런저런 요구를 한다. 이때도 결정권은 우리에게 있다. 우리가 그들의 요구를 들어주겠노라 결정하지 않는다면 누구도 우리에게 강요할 수 없다.

 **7.4**

자신과 남을 대하는 새로운 자세

열등감, 죄책감의 악순환

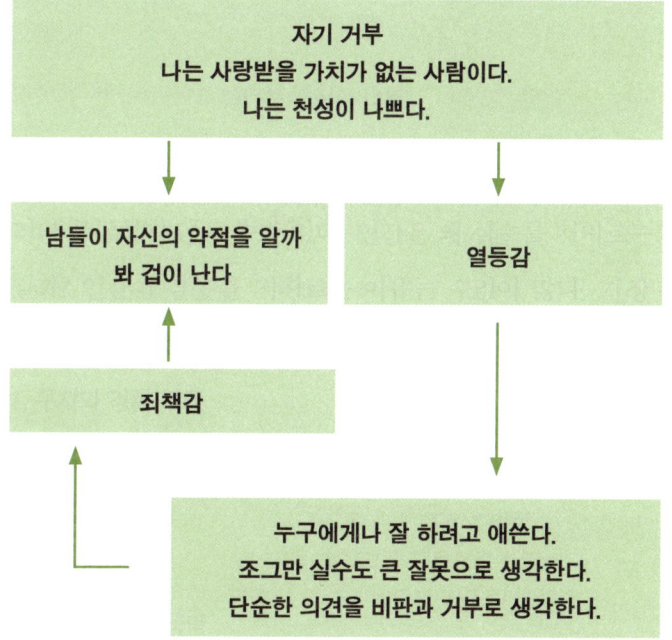

열등감이 심한 사람들은 죄책감에 시달릴 위험도 높다. 제 꼬리를 물고 맴을 도는 고양이처럼 말이다. 열등감을 느끼면 아무 뜻 없는 남들의 말과 행동도 쉽게 비난이나 야단으로, 자신의 실수로 해석하게 된다. 그래서 죄책감을 느끼고, 그 결과 열등감이 더 심해져서 자신이 나쁜 사람인 걸 남들이 알까 봐 남들의 요구를 뿌리치지 못하고 정당한 요구를 하기도 힘들어진다.

따라서 이런 사람들은 무엇보다 자신감을 키우는 데 힘써야 한다. 자신을 낮추고, 완벽하려 애쓰며, 남의 요구에 예민하고, 타인의 감정에 책임감을 느끼는 등 죄책감에 취약한 지점을 하나하나 고쳐나가려 애써야 한다.

7. 4. 1

장점과 단점을 모두 인정하라

우리의 교육은 우리가 아직 할 수 없는 것에 집중한다. 그러다 보니 칭찬에는 인색하고 야단과 비판을 많이 하게 된다. 당연히 우리는 자신을 부정적으로 보기 쉽다. 자신이 잘못한 것에만 눈을 돌리고 잘 한 것은 그냥 당연한 듯 넘어간다.

자신이 좋아하는 자신의 성격, 능력, 행동과 좋아하지 않는 성격, 능력, 행동을 쭉 적어보자. "난 나의 이런 점이 좋아. 난 나의 이런 점이 마음에 안 들어." 양쪽 모두 최소 10가지를 적어야 한다. 장점을 적을 때 어려움을 겪을 수 있다. 과거의 해묵은 프로그램이 자화자찬은 금지라고, 무슨 장점이 10가지나 되냐고 호통을 칠 수도 있다. 흔들리지 마라! 세상에 당신만 가진 10가지 특성을 찾으라는 것이 아니다. 언제 어디서나 뽐낼 수 있는 장점이나 모두가 알아볼 수 있는 장점을 찾으라는 것도 아니다. 그저 지금 이 순간 당신이 보기에 긍정적인 특성, 언젠가 한 번 뽐낸 적 있는 장점 10가지를 찾으라는 것이다. 모두가 언제라도 긍정적으로 볼 특성을 찾으라는 것이 아니다. 지극히 개인적인 평가를 해보라는 것이다.

　용기를 내서 친구들에게 당신의 장점을 물어볼 수도 있다. 하지만 주의하라! 이런 생각은 금물이다. "내가 장점을 물어보면 나 듣기 좋으라고 지어내서 말할 거야. 실제는 나쁘게 보면서 말이야." 그가 당신을 나쁘지 않게 볼 확률은 100%이다. 만일 나쁘게 보았다면 처음부터 친구가 되지도 않았을 것이다. 부정적인 성격과 능력과 행동을 적을 때는 아마 별문제가 없을 것이다. 워낙 어릴 때부터 교육이 되었으니까 말이다. 장점과 단점의 리스트가 완성되었거든 이제 다음과 같은 마음을 먹어보자. "난 이 순간 나의 장점과 단점을 모두 받아들일 준비가 되었어. 단점은 노력해서 고쳐나갈 거야." 장점을 적어놓고도 금방 까먹어버리거든 스마트폰이나 노트에 적어두고서 매일 꺼내 읽어보자.

 **7. 4. 2**

완벽주의를 버려라

무결점과 완벽주의를 향한 노력은 어린 시절부터 익힌 습관이다. 우리는 자라면서 이런 마음자세를 익혔다. "완벽해야 해. 실수하면 안 돼. 그래야 사랑받을 것이고 나 자신을 좋아할 수 있어." 우리는 모 아니면 도라고 생각한다. 좋은 인간이 아니면 나쁜 인간이다. 그리고 인간으로서의 가치는 개별 행동에 좌우된다고 믿는다. 하나의 행동이 마법을 부려 뿅! 하고 우리라는 인간으로 변하기라도 하는 것처럼 말이다. 이 잘못된 생각의 악순환에서 빠져나오려면 새로운 마음자세가 필요하다.

• 한 번의 행동으로 한 사람 전체를 평가할 수 없다. 한 면 가득 작은 점이 찍힌 그림이 있다고 상상해 보자. '나쁜' 행동도 '올바른' 행동도 그 그림에 찍힌 수많은 점들 중 하나이다. 우리가 도덕적 원칙에 위배되는 행동을 한 번 하면 우리라는 인간의 그림에 찍힌 수많은 점들 중 하나만이 달라질 것이다. 한 번의 실수가 그림에 남아 있는 그 모든 과거

와 미래의 점들을 건드리지는 못한다는 말이다. 나무에 매달린 사과 하나가 썩었다고 해서 사과나무 전체가 썩지는 않는 것처럼 한 번의 잘못이 인간 전체를 바꾸지는 못한다.

- 언제 어디서나 '나쁜' 혹은 '그릇된' 행동을 하는 사람은 없다. 마찬가지로 언제 어디서나 '착하고 옳은' 행동만 하는 사람도 없다. 모든 사람은 나쁜 특성과 좋은 특성, 그저 그런 특성을 갖고 있으며 나쁜 행동과 좋은 행동, 그저 그런 행동을 한다. 우리는 아무것도 모르는 상태로 세상에 태어나서 경험을 통해 능력을 키워야 한다. 그중에는 실수를 하고 고치는 과정을 거쳐야만 배울 수 있는 능력도 많다. 따라서 "항상 올바르게 행동하라"라는 요구는 비현실적이다. 우리가 할 수 있는 것은 그저 최대한 올바르게 행동하려 노력하는 것이다.

- 사람을 좋은 사람과 나쁜 사람으로 나눌 수는 없다. 그러자면 좋고 나쁨을 결정할 보편타당한 규칙이 있어야 한다. 더구나 모든 사람들을 같은 시점에 평가해야 한다. 하지만 사람마다 수명도 다 다르고 출발 조건도 다 다르다. 따라서 사람을 좋은 사람과 나쁜 사람으로 분류하려는 노력은 무의미하다. 우리가 평가할 수 있는 것은 한 사람의 행동뿐, 인간으로서의 그의 가치는 평가할 수 있는 것이 아니다.

- 도덕 원칙을 언제 어디서나 따르기란 절대 불가능하다. 따라서 우선순위를 정하는 것이 좋다. 반드시 지켜야 할 원칙은 무엇이며 때로 뒤로 미뤄도 될 원칙은 무엇인가? 두 가지 원칙이 충돌하는 경우도 있을 수 있다. 이럴 땐 반드시 지켜야 할 원칙을 우선해야 할 것이다.

당신이 남의 문제를
다 해결해 줄 수는 없다

인간은 어울려 사는 존재이기에 서로를 존중하고 배려하며 서로에게 관심을 가져야 한다. 하지만 주변 사람들의 호소와 바람에 집중하느라 정작 자신은 홀대하는 사람들이 있다. 이들은 남들에게만 잘해주고 남들을 만족시킬 생각만 한다. 자신의 욕망은 부차적이라고 생각하거나 아예 느끼지도 못한다. 주변 사람들 입장에선 대환영이다. 알아서 척척 해주는 사람이 곁에 있으니 얼마나 편할 것인가?

하지만 정작 그에게 돌아가는 것은 약간의 칭찬과 많은 실망, 질책뿐이다. 열심히 도와줄 때는 가끔 칭찬도 받겠지만 힘이 다 떨어져 더 이상 도와줄 수 없을 때는 실망과 질책이 돌아올 테니까 말이다. 남을 위해 사력을 다하는 동기는 칭찬과 인정을 받고 좋은 사람이 되고 싶은 바람이다. 물론 남의 문제를 해결해 주는 동안에는 죄책감을 느끼지 않을 수 있고 자존감을 높일 수 있다. 하지만 그 대가가 너무 크다. 대부분은 몸이 견뎌나지 못할 것이고 정작 자신의 욕망과 바람은 돌보지 못한다. 몸이 아파 더 이상 도와주지 못할 때는 감사는커녕 비난이 돌아온다. 어떻게 그럴 수 있냐고 화도 내보지만 돌아오는 것은 이런 허탈한 대답이다. "네가 하고 싶어서 한 거잖아. 우리가 돕고 싶어도 네가 싫다고 했잖아."

어떻게 해야 이 악순환의 질곡에서 헤어 나올 수 있을까?

- 도와 달리는 남들의 호소를 듣고 도와주러 나서기 전에 잠시 이런 몇 가지 질문을 던져보자.

  "나는 정말 저 사람을 도와주고 싶은가?"

  "저 사람에게 정말로 내가 필요할까?"

  "나 말고 도와줄 사람이 하나도 없을까?"

  "내가 안 도와주면 그의 생명이 위태로운가?"

- 거절해도 괜찮다. 당신에겐 남보다 자신을 먼저 생각할 권리가 있다. 자신을 먼저 생각한다고 해서 인정머리 없는 이기적인 인간이 되지 않는다. 잊지 마라!

  - 인정머리 없는 이기적인 인간은 남의 감정에 전혀 신경을 쓰지 않고 오직 자신만 생각한다. 아무리 작은 것도 절대 남을 위해 포기하는 법이 없다.

  - 희생정신이 투철한 사람들은 자신을 생각하는 것이 나쁘다고 믿는다. 항상 자기보다 남이 먼저이고 남을 도울 수 있을 때만 행복하다.

- 자존감이 높은 사람은 자신의 욕구와 남의 욕구를 적절하게 저울질할 줄 안다. 가끔 자신의 욕망을 우선한다고 해도 절대 자책하지 않는다. 또 남의 욕구가 자신의 인생관에 크게 위배되지 않는 한도 내에서만 그 욕구를 들어준다.

생명이 위태로운 상황이 아니라면 당신은 어떤 경우라도 거절할 수 있다. 생명이 위태롭다면 양심에 맞게 행동해야 할 것이다. 한 번 도와주지 않았다고 해서 인간으로서의 가치가 흔들리는 것은 아니다. 앞에서도 말했듯 그 한 번의 결정은 수없이 많은 점들 중 하나에 불과하다. 자기 몸을 챙기지 않고 남을 위해 헌신하는 것은 결국 누구에게도 도움이 안 된다. 자신의 몸과 마음을 돌볼 책임도 잊지 말아야 한다.

• 주변 사람들은 그들의 인생관에는 맞지만 우리 입장에선 적절치 않은 요구도 많이 한다. 우리에겐 이런 요구를 점검하고, 필요하다면 거절할 권리가 있다. 따라서 죄책감으로 자신을 벌할 필요가 없다. 상대가 "넌 이기적이야"라고 비난했다고 해서 우리가 이기적인 것은 아니다. 그런 비난을 입에 올리는 그 사람 자체가 이기적이다. 그는 자기 뜻을 관철시키고자 하며 죄책감으로 우리를 조종하려 한다. 다시 한

번 강조하지만 한 번의 행동만 보고서 그 사람 전체를 이기적인 인간이라고 말할 수는 없다. 자기가 시키는 대로 하니까 우리를 사랑하는 사람은 진짜 친구가 아니다.

- 죄책감을 거부하라. 상대가 죄책감을 부추기려 하거든 단호하게 선을 긋자. "이번엔 안 되겠어. 함께 다른 방법을 찾아보자." 진짜 우정은 두 사람 모두의 욕망을 존중한다. 당신 역시 친구 때문에 실망했던 적이 있지만 그래도 우정을 지켰다. 친구 역시 당신에게 실망한다 해서 우정을 함부로 버리지는 않을 것이다.

 **7. 4. 4**

남의 감정은 당신 탓이 아니다

　어릴 적부터 감정의 ABC를 배워 알았던 사람은 별로 없을 것이다. 오히려 우리는 우리가 다른 사람을 화나게 하거나 슬프게 만들 수 있고 상처를 줄 수 있으며 공포와 질투심을 조장할 수 있다고 배웠다. 당연히 그 말은 틀렸다. 우리는 다른 사람의 감정을 통제할 수 없다. 그저 약간 영향을 줄 수 있을 뿐이다. 다른 사람에게 상처를 주려면 우리가 무슨 말이나 행동을 해야 하고 그 상대가 그것을 공격이나 모욕으로 해석해야 한다. 상대를 실망시키려면 우리가 무슨 말이나 행동을 해야 하고, 그것이 상대가 우리에게 걸었던 특정한 기대를 충족시키지 못해야 한다. 우리와 우리 상대가 만족하고 평화로우려면 두 사람이 협조해야 한다.

　자, 그럼 이 모든 것이 죄책감이랑 무슨 상관이 있을까? 우리가 느끼는 죄책감의 대부분은 우리가 상대의 감정에 책임감을 느끼기 때문이다. 우리가 상대를 아프게 하고 화나게 하고 실망시켰다고 자책하기 때문이다. 하지만 실제로는 우리가 상대의 감정을 통제한 적이 없기에 죄책감은 전혀 무의미하다.

그렇다면 앞으로는 상대의 감정을 어떻게 바라보아야 할까?

- 자신에게 물어보자.

  "나는 다른 사람의 행동이나 기분 때문에 죄책감을 느 낀 적이 있나?"

  "남편이, 아이들이, 동료가 언짢아하면 자책을 하는가?"

  만일 "네"라는 대답이 나온다면 다시 한번 상기하라.

  "나의 기분과 행동은 내가 백 퍼센트 조절할 수 있지만 남의 기분과 행동은 내 마음대로 할 수 없다. 다른 사람 이 나의 행동으로 모욕감이나 우울감을 느낀다면 유감 스럽다. 하지만 그의 감정과 행동을 내가 통제할 수 없 기에 죄책감을 느낄 필요는 없다."

"그럼 남에게 무관심하란 말인가? 남에게 인정 없이 굴란 말인가?" 그런 말이 아니다. 남이야 어떻게 되건 말건 신경 끄 라는 말이 아니다. 다른 사람이 부정적인 생각으로 인해 힘들 어한다면 그건 참으로 유감스럽다. 하지만 당신이 그것을 막 을 수는 없다. 상대가 특정 말에 민감하거나 알레르기 반응을 보인다는 것을 안다면 당연히 그런 말은 조심해야 한다. 더불 어 살려면 때로는 우리가, 때로는 상대가 서로를 위해 자신의 욕망을 잠시 접어야 한다. 얼마나 배려하고 얼마나 상대의 바람에 부응할 것인지 그건 오직 당신만이 결정할 수 있다. 하지만 당신이 아무리 상대에게 잘 해주더라도 그 노력이 백 퍼센트 성공하지는 못한다. 그러자면 상대의 머릿속을 들여다보고 어떤 생각을 하는지 알아야 한다. 게다가 사람마다 욕구가 다 다르므로 상대에게 전부 맞추려면 자신을 포기해야 한다.

- 사람 사는 곳 어디에나 오해와 실망이 있기 마련이다. 사람마다 기대와 바람이 다르다. 그러니 실망을 피하기란 애당초 불가능하다. 상대를 위해 당신이 포기하면 당신이 실망할 것이다. 상대가 포기하면 그가 실망할 것이고 때에 따라선 화도 낼 것이다. 얼마나 격하게 반응할지는 그때그때의 평가에 달려 있다. "항상 나만 양보해." 그런 생각이 들면 벌컥 화를 내거나 짜증을 부릴 것이다. "기분은 안 좋지만 다음번엔 내 뜻대로 할 거야." 그런 생각이 들면 살짝 실망하고 말 것이다. 어떤 관계건 균형이 맞아야 한다. 누구나 어떤 바람은 이루어지고 어떤 바람은 이루어지지 않는다고 느낀다. 항상 당신만 노력해야 한다는 생각은 틀렸다. 늘 양보하다 보면 언젠가는 불만이 생길 것이고 화가 날 것이다.

- 자신만의 기준을 정하라. 당신이 생각하는 우정, 부부, 부모 자식 관계는 어떤 것인가? 상대가 박수치는 행동만 하려

다가는 평생 자신의 바람대로 살지 못한다.

- 당신에겐 어떤 감정이든 느낄 권리가 있다. 화내고 불안에 떨고 모욕감을 느끼고 질투를 할 권리가 있다. 당신의 감정은 그에 맞는 생각을 하기 때문에 생긴다. 당신이 그 감정에 어떻게 대응할 것인지, 남들에게 알릴 것인지, 알린 다면 어떻게 할 것인지는 모두 당신의 결정이다.

- 다른 사람을 존중하려 노력하라. 하지만 가끔 그러지 못하더라도 그런 자신을 인정하자. 더불어 살기 위해 노력하는 것이 옳지만 때로 그러지 못하는 순간도 있다. 자책으로 에너지를 낭비하지 말고 왜 자신이 그런 행동을 했는지, 어떻게 해야 앞으로는 그러지 않을 것인지 고민하는 데 그 에너지를 쓰자.

- 어떤 상황에서 상대의 뜻을 따르지 않았다고 해서 그에게 무심하거나 그를 사랑하지 않는 것은 아니다.

- 남들의 칭찬은 필요 없다. 미움받아도 잘 살 수 있다. 당신은 어른이다. 남들의 생각과 일치하지 않은 행동도 불사할 수 있다.

- 어떤 사람이 당신을 미워한다면 그건 오직 그 사람의 생각이요 기대일 뿐이다. 그리고 그의 기대는 그의 인생 경험과

149

도덕적 원칙, 순간의 입장에서 나온 것이다. 그가 당신을 미워한다고 해서 당신이 미움받아 마땅한 사람인 것은 아니다. 자책으로 괴로워하기보다는 왜 그가 그런 생각을 하게 되었는지 알아내는 것이 더 급선무이다.

 **7. 4. 5**

마음의 평화를 위해
하루 한 번씩 읽어보자

마지막으로 소개할 아래의 글은 최소 30일 동안 매일 읽기를 권한다. 녹음을 해서 매일 듣는다면 효과가 더 좋을 것이다.

"오늘부터 나는 죄책감을 느끼지 않기로 마음먹었다. 인간은 누구나 잘못을 한다. 나 또한 인간이기에 완벽하지 않고 때로는 잘못도 저지른다. 앞을 내다볼 수 없어 잘못된 판단을 하기도 하고 감정에 휘둘려 실수를 하기도 한다. 이유가 어찌 되었건 앞으로 나는 죄책감을 느끼지 않을 것이다. 과거는 과거다. 실수를 뉘우칠 수 있고 고치려 노력할 수는 있지만 되돌릴 수는 없다. 나는 그 상황에서 옳다고 생각한 대로 행동했고 최선을 다했다. 한 번 잘못을 했다고 해서 나쁜 사람인 것은 아니다. 다른 사람이 나의 행동에 상처를 받고 화를 내는 것은 유감이지만 그들의 반응은 내 책임이 아니다. 그들은 나의 행동을 보고 스스로 화를 낸 것이다. 모든 사람은 자신의 감정을 스스로 결정한다. 남들이 내 생각과 기분을 통제할 수 없듯 나 역시 그들의 생각과 감정을 통제할 수 없다. 상대에게 항상 잘해주려고 아무리 노력한다 해도 그가 화를 내거나 상처를 받을 수 있다. 그럼 나는 왜 내가 그렇게 행동했는지 이유를 설명할 것이다. 하지만 죄책감을 느끼지는 않을 것이다. 상대에겐 나를 비난하고 화를 낼 권리가 있다. 그 비난이 정당할 수도 있다. 그런 경우 나는 실수를 인정할 것이다. 그리고 앞으로 같은 실수를 반복하지 않기 위해 노력할 것이다. 하지만 내가 할 수 있는 것은 거기까지이다. 부적절하거나 과도한 요구는 단호하게 거절할 것이고 그로인해 죄책감을 느끼지도 않을 것이다. 누군가의 생명을 위태롭게 하지 않는다면 언제 어디서나 내겐 나의 바람을 알리고 내 생각대로 살아갈 권리가 있다."

 **7. 4. 6**

남에게 책임을 떠넘기고 싶을 때

살다 보면 남 탓을 하고 싶을 때가 있다. 나의 책임을 인정하기가 쉬운 것만은 아니어서 누구든 책임을 떠넘길 대상이 필요할 것이다. "당신 때문이야.", "당신이 안 그랬으면 나도 안 그랬어." 이렇게 책임을 회피하면 잠시나마 마음이 가벼워지는 것도 같다. 하지만 이런 태도는 치명적인 단점이 있다. 자신을 피해자로 느끼는 것이다. 마치 우리의 기분이 상대의 손아귀에 달린 것 같다. 그러니 우리 함께 이 함정에서 빠져나갈 수 있는 방법을 찾아보기로 하자.

- 상대에게 솔직하게 자신의 생각을 말하자. "나는 당신이 이러저러한 게 마음에 들지 않아. 당신이 그러면 내 기분이 이러저러해." "당신이 이러저러할 줄 알았어. 그래서 지금 너무 실망스러워."

- 상대에게 분명히 당신의 바람을 알리자. "나는 당신이 이러저러했으면 좋겠어."

- 당신의 바람대로 되지 않을 경우 어떻게 할지도 설명한다.

153

가령 "나는 6시에 저녁을 먹을 거야. 당신이 제시간에 오면 같이 먹겠지만 당신이 늦으면 나 혼자 먼저 먹을 거야. 당신 저녁은 당신이 알아서 차려 먹어." 통보하고 통보한 대로 철저하게 지키기만 하면 된다. 화내고 짜증 낼 필요가 없다. 남편을 기다리다가 "당신 때문에 배고파 죽는 줄 알았잖아"라며 남편 탓을 해봤자 싸움만 날 것이고 당신은 피해자가 될 뿐이다. 남편이 사과를 하고 앞으로는 항상 제시간에 귀가를 하면 좋겠지만 그럴 확률은 낮다. 오히려 당신도 늦은 적이 많으면서 자기 탓만 한다고 화를 낼 것이고 대화는 거기서 끊어지고 말 것이다.

- 비판의 대상이 구체적인 행동이어야지 사람이어서는 안 된다. '늘', '한 번도' 같은 부적절한 일반화도 금물이다. "당신이 오늘 이러저러하지 않아서 화가 났어."라고 해야 한다.

- "어떻게 당신이 그럴 수가 있어?" 같은 비난은 금물이다. 왜 당신이 실망했는지, 왜 그의 행동을 문제 삼는지 상대에게 말해야 한다. "나는 당신이 이러저러하기를 바랐는데 당신이 안 했기 때문에 내가 어쩔 수 없이 이러저러해야 하잖아. 그게 화가 나."

- 상대의 행동에 대한 당신의 반응은 당신의 자발적 결정이었음을 명심하자. 그래야만 화가 줄어든다. 남편을 기다렸

다가 같이 밥을 먹자고 결정한 사람은 당신이다. 남편 뒤를 쫓아다니며 치다꺼리를 하자고 결정한 사람도 당신이다. 당신이 기대하고 요구했고 당신 스스로 피해자 역할을 떠맡았다. 그러니 분명히 하라. "내가 그리고 싶어서 이러저러하자고 결정한 것이다."

당신의 가슴을

짓누르는

돌 하나가

있다면

3부

죄책감이 드는

전형적인 상황들

어느덧 3부에 도착했다. 이제부터는 다양한 사례를 소개하여 죄책감이 어떻게 생기고 어떻게 그것을 극복할 수 있는지를 설명하고자 한다. 앞에서도 배웠듯 우리는 간접 경험이나 상상만으로도 죄책감을 느낄 수 있다. 특정한 생각, 기분, 특정한 행동 때문에도 죄책감을 느낄 수 있다. 심지어 죄책감을 느끼지 않는다는 사실에 죄책감을 느낄 수도 있다. 최대한 당신의 상황과 유사한 사례를 발견한다면 당신의 변화에도 큰 도움이 될 수 있을 것이다. 따라서 가능한 다양한 분야에서 사례를 뽑으려 노력했다.

하지만 아무리 찾아도 자신의 사례를 찾을 수가 없다면 2부의 7장으로 돌아가 그곳에서 설명한 전략들을 당신의 상황에 적용하려 노력해 보자. 그래도 죄책감이 전혀 줄어들지 않는다면 그건 여전히 해묵은 부정적 프로그램이 건재하기 때문일 것이다. 당신의 문제는 너무나 특수하고 까다로우며 당신의 잘못은 너무나 치명적이어서 당신은 절대 죄책감을 털어버리지 못할 것이라고 그 프로그램이 계속 속삭이기 때문이다. 그런 경우엔 더 이상 미루지 말고 심리치료를 받으라고 부탁하고 싶다.

순서는 먼저 환자의 상황을 설명하고, 이어 감정의 ABC를 이용하여 그 환자가 어떤 평가를 내리는지 살펴본 다음 죄책감을 털어내는데 유익한 자세를 설명할 것이다. 사례들이 당신의 상황과 똑같지는 않다 해도 그 사람의 입장이 되어보려 노력할 수 있을 것이다. 타산지석이라는 말도 있지 않은가? 남의 경험을 통해도 많은 것을 배울 수 있는 법이다. 게다가 사례를 읽으면서 자신도 모르게 반발을 할 수 있을 것이다. "그렇기는 하지만 그래도……" 불쑥 이런 생각이 치밀어 오를 것이다. 앞에서 우리는 배웠다. 새로운 깨달음이 해묵은 마음자세를 공격할 때면 언제나 그런 반발이 든다는 것을 말이다.

그러니 많은 사례를 접해보는 것이 당신에게도 좋은 훈련이 될 것이다. 심리 치료도 이 사례들과 비슷하게 진행된다. 먼저 환자가 자신의 문제를 털어놓는다. 그럼 우리가 함께 그 문제 뒤편에 숨은 자신과의 대화를 찾아내고 앞서 배운 그 두 가지 질문으로 그것을 점검한다. 환자는 다시 내린 평가를 정신적 자산으로 만들기 위해 계속 반복 훈련을 해야 한다. 물론 여기서는 환자의 인생사를 전부 다 소개하지는 않을 것이다. 죄책감과 관련된 짧은 부분과 그 죄책감을 자아낸 마음의 자세만 소개할 것이다. 또 일상의 상황이나 효과적이지 못한 전략들은 언급하지 않을 것이다. 어차피 다 아는 것들이고 도움이 되지도 않을 것이기 때문이다. 각 사례 중간에는 해당 문제에 대한 일반적인 설명과 함께 죄책감을 예방할 수 있는 몇 가지 도움말도 집어넣었다.

8

죄책감과 교육

아이를 키우는 부모는 죄책감을 느낄 확률이 매우 높다. 어떻
게 행동해야 좋은 엄마 아빠인지 모르는 사람은 없을 것이다.
자식이 어떤 감정을 느끼고 어떤 행동을 해야 옳은지, 그것 역
시 부모라면 다 잘 알 것이다. 하지만 세상사는 늘 뜻대로 되
는 것이 아니다.

사례 "아들이 무능한 건 다 내 탓이에요."

59세의 카린은 중증 우울증 때문에 우리 상담실을 찾아왔다. 상담 결과 그녀의 우울증은 심각한 죄책감의 결과였다. 그녀는 아들 교육을 잘못시켰다고 자책하였다. 아들이 성인이 된 지금도 저렇게 버릇없고 게으른 데다 게임만 하는 것이 다 어릴 때 너무 오냐오냐 키운 탓이라고 말이다. 왜 그렇게 버릇없이 키웠냐는 나의 질문에 그녀는 이렇게 대답했다. "외동인 데다 제가 늦은 나이에 낳았거든요. 그래서 불면 날아갈까 쥐면 꺼질까 노심초사했죠." 자신의 교육방식이 틀렸다고 의심해 본 적은 없냐는 나의 질문에는 이렇게 대답했다. "가끔 그런 생각이 들 때가 있었어요. 더 엄하게 키웠어야 했는데 다 제 잘못이죠." 알면서도 왜 달라지지 않았냐는 질문에 그녀는 또 이렇게 대답했다. "제가 어릴 때 너무 고단했거든요. 부모님이 가게를 하셨는데 학교 끝나면 가서 부모님을 도와드려야 했어요. 친구들하고 너무 놀고 싶었는데 그럴 수가 없었죠. 내 자식만큼은 실컷 놀게 해주고 싶었어요. 어린 시절을 마음껏 즐기게 해주고 싶었죠."

카린은 양심의 가책 때문에 아들이 돈을 달라면 지금도 군소리 없이 준다. 아들이 아무것도 안 하고 놀고 있는데도 야단을 치거나 잔소리를 해 본 적이 없다. 아들도 어쩔 수 없어서 그러는 것이리라, 그렇게 생각한다.

카린이 죄책감을 털어내려면 무엇보다 자신과의 대화가 달라져야 한다. 아들의 변화는 그녀의 소관이 아니기 때문이다. 그녀가 자신과 나누고 있는 대화가 과연 유익한지부터 점검해 보자. 2부에서 배운 전략을 카린의 생각에 적용하여 감정의 ABC를 살펴보자.

카린의 감정의 ABC

A 상황

카린의 아들은 스무살이 넘었는데도 게임만 하고 있다.

B 카린의 평가

아들을 더 엄하게 키웠어야 했어. 아들이 저렇게 무능한 건 다 내 탓이야.

C 카린의 감정과 행동

카린은 우울증과 죄책감에 시달린다. 아들에게 계속 돈을 주고 그의 잘못된 행동을 눈감아준다.

앞서 배운 두 가지 질문으로 카린의 생각을 점검해 보면 다음과 같은 결과가 나온다.

- 그녀의 평가와 결론은 사실과 일치하는가?
- 그녀의 평가와 결론이 그녀가 바라는 기분과 행동으로 그녀를 이끌어 주는가?

사실은 다음과 같다. 아들의 행동과 태도는 카린이 바라는 것과 다르다. 지금 와서 보니 아들을 더 엄하게 키우고 책임과 의무를 가르쳤다면 좋았을 것이라는 깨달음이 든다. 그러지 않았던 것은 그것이 아이에게 행복한 어린 시절을 선사하는 길이라고 믿었기 때문이다. 어린 시절의 고단했던 경험을 아이에게만은 물려주고 싶지 않았기 때문이다. 하지만 지금 와서 보니 옳은 생각이 아니었다. 아이가 그녀의 뜻과 다른 사람으로 자란 것은 유감스럽다. 하지만 그녀의 아들은 이제 자기 인생을 스스로 책임져야 하는 성인이다. 그에게도 달라지고 발전할 능력이 있다. 설사 그녀의 교육이 완전 잘못이었다고 해도 그는 변화를 모색할 수 있다. 게다가 아들이 무능하다는 그녀의 주장은 과장이다. 아들은 살면서 나쁜 행동뿐 아니라 유익하고 바람직한 행동도 배웠다. 따라서 그녀의 죄책감과 우울증은 아들의 변화에 아무런 도움이 안 된다. 오히려 그녀와 아들에게 해가 될 뿐이다. 죄책감 탓에 아들에게 자꾸 돈을 주어 아들의 자립을 방해하고 있으니 말이다.

죄책감으로 그릇된 판단을 하지 않는다면 카린은 지금이라도 아들에게 좋은 영향력을 미칠 수 있다. 가령 경제적 지원을 딱 끊어서, 이제부터 자기 인생은 자기 책임이라는 가르침을 아들에게 줄 수 있다. 그것이 가장 아들에게 유익한 행동이며, 틀렸다고 생각되는 과거의 행동을 수정할 수도 있는 길이다. 또 그녀는 과거의 잘못을 받아들이는 방법을 배울 수 있다. 과거의 그녀는 그 순간에 옳다고 생각한 대로 행동했다. 그것이 일부 잘못이었다고 해도 달리 아들을 키울 수가 없었다.

좋은 부모라는 이름의 덫

카린은 좋은 부모의 덫에 빠졌다. 많은 부모들이 두 가지 교육 원칙을 동시에 지키고자 애쓴다.

- **만족하는 행복한 아이를 바란다.**
- **아이를 훌륭한 사회인으로 키우고자 한다.**

하지만 이 두 가지 원칙을 동시에 만족시키기란 쉽지 않은 일이다. 아이들은 하고 싶은 것을 못하거나 하기 싫은 일을 해야 할 때 대부분 행복하지 않고 만족하지 못한다. 그럼에도 아이들은 하고 싶지 않은 일도 해야 하며, 장기적인 목표를 위해서는 단기적으로 포기할 줄 알아야 한다는 것을 배워야 한다. 사회적인 행동도 배워야 하고 주변 사람들의 욕구도 고려해야 한다.

아이가 항상 행복해야 한다고 생각한다면, 아이의 행동에 선을 긋지 못할 것이고, 만일 아이가 화를 내거나 슬퍼하면 죄책감으로 괴로울 것이다. 아이가 하고 싶은 것을 못하면서 행복한 상황은 불가능에 가깝다. 따라서 부모는 때로 아이가 자신들에게 부정적인 감정을 느끼더라도 받아들여야 한다. 그랬다고 해서 나쁜 부모인 것은 절대 아니다. 오히려 순간의 미움을 참고 아이에게 중요한 삶의 원칙을 가르치는 부모가 좋은 부모이다. 하고 싶은 대로 다 해주는 것보다 그 편이 훨씬 힘들 테니 말이다.

"실망했지? 엄마도 알아. 하지만 이건 중요해. 안 그러면 나중에 네가 힘들어질 테니까."

이런 식의 말로 행동의 이유를 설명하고 아이에게 이해심을 보이면 된다. 웨인 다이어[Wayne W. Dyer]는 ≪아이의 행복을 위해 부모는 무엇을 해야 할까?≫에서 아이를 자존감 높고 책임감 있는 인간으로 키우려면 아래의 교육 원칙을 지키라고 권했다.

1. 아이의 행동은 나무라되 인간적 가치는 비판하지 마라.
2. 나무라지 말고 칭찬하라.

3. 모험에 뛰어들라고 격려하라.

4. 아이가 자신을 열등하게 생각지 않도록 주의하라.

5. 아이가 스스로를 긍정적으로 바라보도록 도와라.

6. 남에게 책임을 떠넘기지 마라.

7. 아이가 항상 1등이 되기를 바라지 마라.

8. 죄책감을 버리고, 자책하기보다 책임지려 노력하라.

9. 아이를 벌할 때는 반드시 이유를 밝혀라.

10. 벌을 주겠다고 말했을 때는 그 벌이 필요한 상황에서는 반드시 벌을 주어야 한다.

이 10가지 원칙을 잘 실천하거나, 최대한 실천하려 노력한다면 아이의 자존감은 절로 자랄 것이다. 더불어 아이가 쓸데없는 죄책감으로 힘들어하지도 않을 것이다.

사례 난 나쁜 엄마야. 아이를 때렸어.

35세의 니콜라는 수면장애와 집중력 장애가 심해서 우리 상담실을 찾아왔다. 그녀는 원래 유치원 교사였는데 둘째가 태어나면서 직장을 그만두었다. 남편은 건축기술자여서 몇 주씩 집을 비웠고, 그럴 때면 그녀 혼자서 3살, 5살 두 아이를 보살폈다. 그녀는 이런 상황이 너무 힘들었다. 직장을 그만둔 터라 말할 사람도 없고 남편이 전혀 육아를 도와주지 않아 24시간 혼자서 두 아이를 돌보다 보니 몸도 마음도 너무 지쳤다.

남편한테는 고민을 털어놓을 수 없었다. 일에 지쳐 집에 오면 잠만 잤기 때문이다. 오히려 남편이 집에 있을 때는 더 아이들에게 신경을 써야 했다. 아이들이 떠들면 남편이 푹 쉴 수가 없으니 말이다. 그러다 보니 벌써 몇 번이나 자기도 모르게 손이 나가서 아이들 엉덩이를 때렸다. 하지만 그리고 나면 심한 죄책감에 시달렸다. 명색이 유치원 교사가 어떻게 아이들을 때릴 수가 있단 말인가? 평소 그녀는 아이를 때리는 엄마는 아이를 키울 자격이 없다고 생각했다. 밤이면 자신이 아이들을 때려죽이는 꿈을 꾸기도 했다. 하지만 돌아서면 또 말썽부리는 아이들에게 손이 나갔고 자신의 짜증과 괴로움을 아이들에게 풀었다.

니콜라의 감정의 ABC

A 상황

니콜라의 남편이 집에 있다. 아이들이 싸운다. 니콜라가 아이들의 엉덩이를 찰싹 때린다.

B 평가

또 손이 나갔어! 명색이 유치원 교사가 애들을 때리다니. 폭력을 쓰는 엄마는 애 키울 자격이 없어. 난 나쁜 엄마야.

C 감정과 행동

니콜라는 죄책감을 느끼고 악몽을 꾼다. 짜증이 심해지고 부담감이 커진다. 수면장애와 집중력 장애에 시달리고 하루 종일 몸과 마음이 긴장 상태에 있다. 아이들을 때리는 횟수가 늘어난다.

이제 우리는 두 가지 질문을 이용해 니콜라의 평가와 결론이 얼마나 적절한지 살펴본다. 첫째, 그녀의 평가와 결론은 사실과 일치하는가? 둘째, 그녀의 평가와 결론이 그녀가 바라는 기분과 행동으로 그녀를 이끌어 주는가?

그리고 다음과 같은 결론에 도달한다. 니콜라가 아이들의 엉덩이를 때렸다. 그녀의 교육 원칙과 현대의 교육 원칙에 맞지 않는 행동이다. 니콜라는 잘못을 저질렀고 부적절한 행동을 했다. 하지만 니콜라가 비록 유치원 교사였다고는 해도 항상 교육 원칙을 실천할 수 있는 것은 아니다. 그녀는 지금 몸과 마음이 너무 힘들다. 마음이 불만으로 가득하여 아이들을 때리고픈 충동을 억제할 수가 없다. 하지만 엉덩이 한 번 때렸다고 아이를 엄마한테서 빼앗아야 하는 건 아니다. 한 번 잘못을 했다고 정말 나쁜 엄마인 것도 아니다. 그녀의 행동이 아이들의 목숨을 위태롭게 한 것도 아니다. 그녀는 아이들에게 온갖 중요한 예절을 가르쳤고 하루 종일 아이들 곁에서 아이들을 보살폈다.

죄책감은 행동 교정에 아무 도움이 안 된다. 오히려 자신을 단죄할수록 마음이 더 힘들어질 테니 아이들에게 그 힘든 마음을 풀게 될 것이다. 또 죄책감을 느낀다고 해서 남편과의 사이가 더 좋아지는 것도 아니다. 잘못을 뉘우치고 앞으로 생활과 감정을 잘 통제하려 노력하기만 해도 그것으로 충분하다. 죄책감과 자책은 그 과정에서도 아무런 도움이 안 된다. 무엇보다 남편과 지금의 상황과 감정에 대해 이야기를 나누고 그녀가 보다 만족할 수 있는 방안을 함께 찾아야 할 것이다. 그리고 다시 화가 치밀어 오르는 상황이 닥쳤을 때 어떻게 자제할 수 있을지 고민해야 할 것이다.

부모와 감정

부모란 자고로 이해심과 인내심이 많아야 한다고 다들 생각한다. 하지만 인간이라면 언제나 그럴 수는 없다. 부모도 아이 앞에서 화내고 실망하고 불안에 떨고 모욕감에 치를 떨 수 있다. 부모도 인간이니까 말이다. 물론 아이들에게 그런 감정을 알리는 방식이 중요하다. "너 때문에 내가 화가 나잖아." "네가 나빠." 같은 식의 말을 내뱉거나, 아이를 때리거나 미워하는 방법은 유익하지 않다.

169

표현방식을 바꾸어야 한다. "내가 너한테 이러저러한 걸 기대했는데 네가 안 들어줘서 실망했어." "네가 약속한 걸 안 지켜서 엄마가 화가 났어." "난 네 행동이 옳지 않다고 생각해. 그래서 화가 나." 이렇게 "나"를 주어로 자신의 생각과 감정을 전달하면 아이들은 우리가 무슨 생각을 하고 어떤 기분인지를 알게 된다. 이런 표현방식으로 아이들에게 죄책감을 심어주라는 말이 아니다. 우리의 반응에 아이들도 일조했다는 것을 알릴 수가 있고, 그럼 아이들은 체면을 구기지 않고도 책임을 지는 법을 배울 수가 있다.

하지만 아무리 옳다고 생각하는 원칙도 항상 실천할 수 있는 것은 아니다. 우리는 어릴 적 이런 방식의 대화법을 배운 적이 없다. 새롭게 배운 모든 것은 습관이 되기까지 시간이 걸린다. 때리는 것이 적절한 교육법이 아니라는 사실에는 모두가 동의하지만 자기도 모르는 사이 손이 나갈 수가 있다. 설사 그렇다 해도 죄책감은 무익하다. 미안하다고, 잘못이었다고 아이들에게 말하고, 앞으로 그러지 않으려 노력하면 된다. 아이들은 그런 부모를 보면서 어른도 실수를 저지를 수 있으며, 실수를 저질렀을 때는 어떻게 만회할 수 있을지를 배울 수 있다. 또 실망을 참고 견디는 법도 배울 수 있을 것이다.

사례 "아이를 고아원에 데려다줬어요."

율리아는 17세에 임신을 했다. 임신 사실을 알리자 남자친구는 그녀를 떠났다. 부모님은 낙태를 종용했지만 율리아는 아이를 낳아 기르고 싶었다. 하는 수 없이 친구에게 도움을 청했다. 친구와 율리아가 밤낮을 바꾸어 일하고 교대로 아이를 보기로 말이다. 하지만 현실은 녹록지 않았다. 친구들은 클럽에 다니고 여행을 가는데 그녀는 밤낮으로 육아와 돈벌이에 시달렸다. 결국 그녀는 아이를 고아원에 갖다 맡기기로 결심했다. 처음에는 주말마다 집에 데려왔다. 하지만 아이를 도로 고아원에 데려다줄 때마다 죄책감이 밀려들었기에 그녀는 결국 아이를 영영 찾지 않았다. 그녀가 심리치료를 시작할 시기에는 딸은 이미 성인이었고 율리아는 45세였다. 인생을 되돌아보면 모든 것이 후회스러웠다. 엄마를 보고 싶지 않다는 딸의 뜻을 전해 들었을 때는 너무 마음이 아팠다. 실패한 인생이라는 생각이 들었다. 자신이 자기 인생은 물론 딸의 인생까지 망쳤다는 생각이 들었다.

감정의 ABC로 율리아의 문제를 살펴보자.

171

율리아의 감정의 ABC

A 상황

율리아는 딸이 세 살 되던 해 딸을 고아원에 맡겼다. 성인이 된 딸은 엄마와 연락을 원치 않는다.

B 율리아의 평가

다 내 죄다. 딸을 고아원에 보내는 게 아니었다. 내 인생은 실패작이다. 내가 내 인생도, 딸의 인생도 망쳐버렸다.

C 감정과 행동

죄책감과 우울증

앞에서 배운 두 가지 질문으로 점검을 해보면 그녀의 평가와 결론은 이렇게 달라질 수 있을 것이다. 율리아가 아이를 고아원에 맡긴 것은 당시 그녀가 너무 어렸고 경험이 없었기 때문이다. 더구나 부모님도, 아이 아빠도 전혀 도움을 주지 않았다. 그녀는 자신의 능력과 현실을 제대로 판단하지 못했다. 너무 어렸기 때문에 아이를 키우기 위해 얼마나 많은 것을 포기해야 하는지 미처 몰랐던 것이다.

이제 와 돌아보니 당시의 행동이 잘못이라고 생각된다. 딸을 정상적인 가정에서 키우지 못하고 고아원에 갖다 맡긴 건 그녀의 책임이다. 하지만 그녀의 인생이 완전히 실패작인 것은 아니다. 딸을 고아원에 맡기기 전에는 힘들어도 열심히 돈을 벌고 아이를 보살폈다. 그리고 처음 고아원에 맡겼을 때는 주말마다 아이를 집으로 데려왔다. 그녀가 자기 인생은 물론이고 딸의 인생까지 다 망쳤다는 생각 역시 지나치다. 아이를 고아원에 보낸 후 율리아는 정식 직업교육을 받아 괜찮은 일자리를 찾았다. 또 딸도 고아원에서 무사히 고등학교를 졸업했고 이제는 혼자서 잘 살고 있다. 따라서 딸에겐 엄마를 용서하고 다시 연락을 주고받을 수 있는 기회가 충분한 것이다.

율리아의 부정적인 생각들은 죄책감을 몰고 온다. 하지만 아무리 죄책감으로 괴로워한다 해도 지난 일이 없었던 일이 되지는 않는다. 오히려 마음만 더 우울해질 뿐이다. 죄책감을 느낀다고 해서 딸이 다시 연락을 취할 것도 아니다. 그러니 자신에게 관대할 것이며 자신을 용서하는 편이 더 낫다. 죄책감으로 괴로워하지 말고 당시 그렇게 행동했던 이유를 찾아볼 수 있을 것이다.

딸에게 편지로 왜 그런 결심을 했는지 이유를 설명할 수도 있다. 엄마에게 마음을 열고 엄마를 이해할 것인지, 한 걸음 더 나아가 엄마를 만날 것인지는 오직 딸의 결정이다. 딸이 율리아를 엄마로 인정하지 않는다고 해도 율리아는 딸의 엄마이고 앞으로도 그럴 것이다. 비록 어린 나이에 사는 것이 너무 힘들어 딸을 고아원에 보냈다고 하더라도 말이다.

자식과의 관계

부부 세 쌍 중 한 쌍이 이혼을 한다. 이혼을 할 때는 양육권과 면접교섭권도 분쟁거리 중 하나이다. 어떨 땐 양쪽의 감정이 너무 극단으로 치달아서 아이를 복수의 수단으로 이용하기도 한다. 아빠가 아이들을 붙들고서 엄마를 절대 못 만나게 한다. 엄마가 아빠 욕을 하도 해대니까 아이들이 스스로 아빠를 안 만나려고 한다. 아빠가 주기로 했던 양육비를 안 준다. 아빠가 재혼을 하자 엄마가 아이들 앞에서 그 재혼 상대에 대해 욕을 해대거나 아이들을 아빠에게 보내지 않는다. 부모 한쪽이 아예 모르쇠로 일관하거나 연락을 차단해버린다.

눈에서 멀어지면 마음에서도 멀어지려니 생각하며 과거를 잊으려는 나름의 노력이다. 하지만 나중에 아이가 자라 어른이 되고 부모가 늙어 지난날을 돌이켜 볼 때면 이런 결정이 죄책감의 원인이 될 때가 많다. 이런 경우에도 앞의 율리아처럼 죄책감을 후회로 바꾸는 법을 배워야 한다. 실수는 했지만 당시엔 다른 방법을 알지 못했고 그것이 최선이라 생각했다는 점을 스스로 인정해야 한다. 가능하다면 아이와 다시 연락을 취해 과거의 행동을 설명하고 납득시키려 노력할 수도 있다. 물론 모든 자식이 그 노력을 받아주지는 않을 것이다. 절대 만나지 않겠다는 대답이 돌아올 수도 있다.

사례 "아들이 불량배가 됐어요."

요헨은 등 통증이 너무 심해서 심리치료를 받으러 왔다. 병원이란 병원은 다 다녔지만 이유를 찾지 못했기 때문이다. 심리 치료가 마지막 희망인 셈이었다. 상담을 하다 보니 서서히 그가 죄책감에 시달린다는 사실이 밝혀졌다. 17살 아들이 가출을 한 것이다. 요헨은 첫 번째 아내와 이혼하고 지금의 아내와 결혼했다.

나중에 안 사실이지만 아들은 계모가 자신을 미워한다고 생각했다. 집안이 조용한 날이 없었다. 아내는 아들이 심부름을 안 한다고, 음악을 너무 시끄럽게 튼다고, 방에서 담배를 피운다고 야단을 쳤고, 아들은 그럴 때마다 계모에게 대들었다. 그래도 요헨은 심각하게 생각하지 않았다. 시간이 지나면 자연히 나아지리라고 믿고서 일체 개입하지 않았다.

그러나 결국 아들은 말없이 집을 나가버렸다. 아무리 전화를 걸고 문자를 남겨도 아들은 일체 연락하지 않았다. 아들 친구들한테 들은 말로는 길거리에서 불량배들하고 담배를 피우며 지나가는 아이들의 돈을 뺏는다고 했다.

175

요헨은 일이 이렇게 된 게 다 자기 탓만 같아 괴로웠다. 새 가정을 꾸리자고 아들을 제물로 삼은 것만 같았다. 아들과 더 많은 이야기를 나누고 아들의 편이 되어주어야 했다. 아버지가 아들을 나 몰라라 하는 바람에 아들이 불량배가 되어 버렸다. 그사이 아내와도 사이가 안 좋아졌다. 자기 자식 같으면 그랬을까? 아내에게 자신도 모르게 자꾸 그런 비난을 하게 되었다. 아내가 아들과 그의 사이를 갈라놓은 것만 같았다. 전 아내와 친구들도 옆에서 부추겼다.

요헨의 감정의 ABC

A 상황

17살 아들이 가출을 해서 불량배들이랑 어울린다.

B 요헨의 평가

내가 아들을 버렸다. 아들을 더 챙겼어야 했다. 아들이 그렇게 힘든 줄 왜 몰랐을까? 난 아버지도 아니다.

C 감정과 행동

요헨은 자책을 하고 아내를 비난한다. 등 통증에 시달린다.

요헨의 평가를 앞의 두 가지 질문으로 점검해 보자. 요헨의 아들이 가출을 해서 불량배들이랑 어울리는 것은 사실이다. 분명 그렇게 어울리다 보면 범죄를 저지를 확률도 높다. 또 요헨은 아들의 마음을 헤아리지 못했고 계모와의 갈등을 중재하지도 않았다. 지금 와서 보니 그건 잘못이었다. 만일 그가 조금 더 노력했더라면 아들이 집을 나가지 않았을 수도 있다.

요헨이 그렇게 하지 않은 이유는 갈등이 겁났고 두 번째 결혼마저 잘 못 될까 걱정되었기 때문이다. 게다가 그는 두 사람의 문제를 너무 과소평가했다. 그는 지금껏 살면서 갈등에 맞서 본 적이 없다. 갈등이 생길 때마다 그저 눈을 질끈 감고 문제가 절로 해결되기만을 기다렸다. 그것이 그가 배운 갈등 해결의 방법이었다. 그러다 보니 아들의 불행도 도리질하며 외면할 수밖에 없었다.

하지만 그렇다고 해서 요헨이 아빠로서 자격이 없다고는 말할 수 없다. 첫 아내와 이혼한 이유도 아들을 위해서였다. 늘 싸우는 가정환경에서 아이를 키우고 싶지 않았기 때문이었다. 그래서 이혼을 할 때 양육권과 친권을 가져왔고 두 번째 아내와 함께 화목한 가정의 모델을 보여주려 했다. 아들이 어렸을 때는 많은 시간을 함께 보내며 놀아주고 책도 읽어주었다. 또 아들이 원한다면 유학까지 시켜줄 마음도 먹고 있었다. 이렇듯 그는 아빠로서의 의무를 다 하려 열심히 노력한 아빠이다.

죄책감과 자책은 지금의 결혼 생활과 건강에 큰 해를 끼치고 있다. 자책을 한다고 해서 감정 표현에 서툴고 갈등을 회피하는 그의 성격이 당장 고쳐질 것도 아니다. 만일 자신의 행동이 아들을 집 밖으로 내몰 줄 알았더라면 아마 그는 성격을 고치려 무진 노력했을 것이다. 요헨은 자신의 책임을 과대평가한다. 아이가 불량배들이랑 어울리게 된 데에는 여러 가지 이유가 있었을 것이다. 주변 환경이 나빴을 수도 있고 학교생활이 힘들었을 수도 있으며 아이의 성격이나 자신감도 영향을 미쳤을 것이다. 아들 스스로도 계모와의 갈등에 대처할 여러 가지 가능성이 있었다. 친구에게 하소연을 하거나 청소년 센터를 찾거나 자기 엄마를 찾아갈 수는 없었을까? 따라서 요헨은 자책에 시달리기보다 자신의 부족한 사회능력을 인정하고 고치려 노력하는 편이 더 유익할 것이다. 또 자신의 실수를 용서하고, 아들과의 관계 개선에 힘써야 할 것이다.

사례 "아들을 챙기지 못했어요."

비올라는 이러지도 저러지도 못하는 상황이라며 우리 상담실에 찾아왔다. 그녀는 8살 아들을 제대로 챙기지 못해서 자책을 하고 있었다. 처음엔 다 좋았다. 28살에 남편을 만나 결혼을 했다. 남편이 아이를 너무 바랐기에 그녀는 아이를 원치 않았지만 남편을 위해 임신을 했다. 남편은 프리랜서였기 때문에 자신이 집에서 육아를 맡겠노라 약속했다. 실제로 남편은 아이가 태어나자 전적으로 육아에 뛰어들었고 덕분에 그녀는 출산 휴가가 끝나고 바로 직장으로 복귀했다.

문제는 집안일이었다. 퇴근하고 집에 돌아오면 그는 하루종일 자기가 아이를 봤으니 이제는 그녀 차례라며 아이와 집안일을 그녀에게 다 떠넘겼다. 하루 종일 일하느라 지친 그녀에게 말이다. 주말에도 마찬가지였다. 남편은 주말마다 이런저런 모임을 만들어 밖으로 달려 나갔다. 온 가족이 함께 보낸 주말은 손에 꼽기도 힘들었다. 당연히 다툼이 잦아졌다. 어느 날 비올라는 남편이 가정주부인 여자와 바람이 났다는 사실을 알게 되었다. 남편을 다그쳤지만 돌아온 것은 오히려 이혼 요구였다. 돈을 버는 사람은 비올라 혼자였으니 다른 대안이 없었다. 그녀가 계속 일을 하고 양육비를 지불했다. 아들은 2주에 한 번 주말에만 만났다. 남편은 그사이 또 새 여자 친구가 생겼다. 비올라는 아이를 원치 않았지만 막상 아들을 키울 수 없게 되자 죄책감을 느꼈다. 그리고 아이에게 못해주는 엄마라는 자책 탓에 자신을 위해서는 거의 돈을 쓰지도 못했다.

비올라의 감정의 ABC

A 상황

비올라는 이혼을 했고 직장에 다니며 양육비를 지불하고 법이 정한 면접교섭권에 따라 2주에 한 번 아들을 만난다.

B 평가

아들을 더 챙겨야 하니 나에게 쓸 돈은 없다. 아들 곁에 있어주지 못해 너무 미안하다. 아이가 정상 가정에서 자라지 못하는 것은 다 내 탓이다.

C 감정과 행동

비올라는 위염과 수면장애를 앓는다. 자신을 위해 시간과 돈을 쓸 때면 양심의 가책이 든다.

다시 한번 떠올려보자. 죄책감은 우리의 개인적 평가와 결론을 바탕으로 생겨난다. 평가와 결론이 상황에 맞아야만 상황에 맞는 감정도 생겨날 수가 있다.

우리의 평가를 점검하기 위해선 다시 앞의 두 가지 질문이 도움이 될 것이다.

비올라의 남편은 법원으로부터 양육권을 받았다. 비올라는 결혼 생활 내내, 그리고 지금까지도 가족의 생계를 책임지고 있다. 그녀는 성실히 그 책임을 다하였다. 하지만 하루 종일 일해서 아들과 전남편을 먹여 살리면서 동시에 아들을 키울 수는 없다. 이 둘은 서로 충돌하는 도덕적 원칙이다. 남편과 이혼을 하는 바람에 아들에게 엄마 아빠가 다 있는 가정을 만들어주지 못한 점은 안타깝지만 이혼은 그녀와 남편 두 사람의 결정이었다. 그녀만의 책임이 아니라는 소리이다. 또 이혼 가정에서 자란다고 해서 아들이 문제아가 되는 건 아니다. 아들의 성장 역시 그녀와 더불어 남편의 책임이기도 한 것이다.

비올라는 죄책감 때문에 오히려 아이를 너무 오냐오냐하고 과보호한다. 또 아이 앞에서 자기도 모르게 아빠 험담을 하게 된다. 그러다가는 정말로 아들이 문제아가 될 위험이 높다. 더구나 돈도 벌고 아이도 키우고 싶은 욕망 탓에 몸이 아프다. 그러니 비올라는 상황을 받아들여야 한다. 이혼을 했고 생활비를 벌어야 하기 때문에 아들과 하루 종일 같이 있을 수 없는 현실을 인정해야 한다. 자책하기보다는 아들과의 소중한 시간을 어떻게 알차게 꾸릴 수 있을지를 고민하는 편이 훨씬 더 유익하다. 또 괜한 자책으로 자신을 홀대하지 말아야 한다. 자신에게도 시간과 돈을 투자해야 할 것이며 새로운 인생 목표를 세우고 매진해야 할 것이다.

이혼 후 아이 둘을 혼자서 키우는 30세의 비앙카는 주치의의 권유로 우리 상담실을 찾아왔다. 어지럼증과 공황이 심하기 때문이다. 작은 회사의 생산직으로 일하는 그녀의 하루 일과는 대략 이렇다. 아침에 일어나 아이들 아침을 챙겨 먹인 후 아이들을 유치원에 데려다준다. 오후에는 아이돌보미가 아이들을 찾아서 집에서 보살핀다. 그녀는 퇴근하자마자 허둥지둥 집으로 달려와 돌보미와 교대를 한다. 하지만 쉴 수가 없다. 집 안이 엉망인데다 아이들이 달라붙어 이런저런 요구를 해대기 때문이다. 아이들이 다 잠든 밤이면 비앙카는 몸도 마음도 지쳐 쓰러질 것만 같다. 갑자기 솟구치는 불안은 풀릴 것 같지 않은 현실의 표현인 것만 같다. 그녀는 과로에 시달리면서도 완벽한 엄마, 완벽한 직원이 되고 싶다. 회사에서는 능력 있는 직원이 되고 싶고, 아이들에겐 다른 부모처럼 다 해주고 싶다. 새 신발, 발레 학원, 해외여행…… 그러나 회사에선 늘 종종거리고 아이들은 늘 투덜대며 돈은 늘 빠듯하다.

비앙카의 감정의 ABC

A 상황

비앙카는 혼자서 두 아이를 키우는 워킹맘이다. 하루 종일 회사에서 일하고 돌아와서 다시 아이들을 보살피고 집안일을 해야 한다.

B 비앙카의 평가

아이들하고 더 많은 시간을 보내야 한다. 난 아이들한테 아무것도 못 해주는 나쁜 엄마다. 직장에서도 다른 동료들에 비하면 한참 모자라는 직원이다. 나는 집에서도 직장에서도 실패한 인생이다.

C 감정과 행동

비앙카는 죄책감에 시달리고 탈진과 어지럼증, 공황으로 괴롭다.

두 가지 질문을 이용해 그녀의 생각을 점검한 결과는 이러하다. 비앙카는 혼자서 아이 둘을 키우기 위해 하루 종일 일을 해야 한다. 무슨 일이 있어도 아이들을 고아원에 맡기고 싶지는 않다. 하지만 짐을 덜어줄 부모님도, 남편도 곁에 없다. 그러니 퇴근 후의 저녁시간과 주말에만 아이들하고 지내는 수밖에 없다. 또 돈과 시간이 허락하는 만큼만 아이들에게 해줄 수 있다. 다른 부모들은 애들에게 비싼 옷도 사주고 학원도 보내주고 해외여행도 시켜주지만 그녀는 그럴 수가 없다.

하지만 그렇다고 해서 그녀가 나쁜 엄마인 것은 절대 아니다. 비앙카는 늘 아이들에게 최선을 다한다. 다만 지금 상황에선 그럴 수가 없을 뿐이다. 그러니 아이들에게 아무것도 못 해주는 나쁜 엄마라는 생각은 틀렸다. 다른 부모들과의 비교는 아무 의미가 없다. 아이들도 상황에 순응하는 법을 배워야 한다. 환경이 아무리 어려워도 열심히 노력하면 성공할 수 있다는 사실을 배워야 할 것이며 인생을 스스로 책임질 줄 아는 사람으로 자라야 할 것이다. 직장 동료들과의 비교도 쓸데 없다. 아이가 없거나 반나절만 일하는 동료는 당연히 에너지도 더 넘칠 것이다. 비앙카가 지치고 힘이 드는 건 너무나 당연한 일이다.

그녀의 자책은 상황을 악화시킬 뿐이며 안 그래도 힘든 마음에 압박만 더할 뿐이다. 그 결과가 공황과 어지럼증이다. 비앙카가 자신에게 거는 기대는 비현실적이다. 그녀는 직장과 육아 모두에서 최고의 성적을 기대한다. 하지만 그녀는 도와줄 부모나 친구도 없이 혼자서 두 아이를 키우는 워킹맘이다. 슈퍼우먼이 아닌 이상 직장과 집 모두에서 완벽할 수가 없다. 따라서 자신에게 거는 기대를 쑥 낮추어야 한다. 때로는 혼자서 쉴 수 있는 시간을 내야 할 것이고 직장에서도 업무를 줄일 방안을 고민해야 할 것이다.

지금껏 살면서 잘못한 것들을 이제 와 돌이킬 수는 없다.

그녀는 남편과 이혼을 했고 부모와 사이좋게 지내지 못했으며 공부를 많이 해서 연봉 높은 직장을 구하지도 못했고 돈을 많이 벌지도 못했다. 하지만 자책한다고 해서 갑자기 남편이 생기는 것도 아닐 것이며 부모가 화해를 청하지도 않을 것이며 통장에 돈이 두둑해지지도 않을 것이다. 아이들 역시 세상은 불공평하다는 사실을 배워야 할 것이다. 출발 조건이 만인에게 동일하지 않은 것이 현실이다. 비앙카 역시 죄책감으로 자신을 벌할 것이 아니라 상황에 맞는 나름의 규칙을 세울 수 있어야 할 것이다.

9
죄책감과 인간관계

공동체가 유지되려면 구성원들이 서로를 배려하고 서로의 재산과 생명, 이익을 존중해야 한다. 하지만 살다 보면 늘 그럴 수 있는 것은 아니어서 양측의 이해와 욕구가 엇갈리면서 갈등이 일어날 때가 많다. 양측이 갈등 해법을 잘 익혔다면 평화로운 해결 방안이 나올 테지만 그렇지 않을 경우 싸우고 공격하고 모욕하고 협박하며, 그로 인해 불안과 죄책감과 우울이 생길 수 있다. 특히 원치 않는 아이로 세상에 태어난 아이들이 그런 감정의 과녁이 되기 쉽다. 이런 아이들은 부모의 불만과 미움을 온몸으로 느끼고 부모의 불행이 자신의 탓이라고 생각한다. 이 세상에 태어난 것 자체가 잘못이라고 생각하는 것이다.

22살의 기티는 우리 상담실에 오기 전에 이미 두 번이나 자살시도를 했다. 몸집도 작고 약한 데다 목소리도 작고 어디를 가나 있는 듯 없는 듯 조용한 여성이었다. 그녀는 평생 우울증을 앓았고 죄책감에 시달렸다. 엄마는 입만 열면 그녀가 자기 인생을 망쳤다고 원망을 했다. 남편하고 헤어지려는 참에 그녀가 생기면서 지금까지 이 지옥 같은 결혼생활을 벗어나지 못했다고 말이다. 부모님은 얼굴만 보면 싸웠다. 아버지가 술을 마시고 들어오는 날은 영락없었다. 싸우다 감정이 격해지면 아버지는 엄마를 때렸다. 기티까지 때리지는 않았지만 기티의 몸과 마음은 흠씬 두들겨 맞은 사람 못지않게 아팠다. 그런 날이면 엄마는 천식발작을 일으켰고 숨을 헐떡거렸다. 가끔은 집을 나가겠다고 협박을 했고 실제로 가출을 한 적도 많았다. 기티는 엄마가 다시 돌아오지 않으면 어쩌나 걱정하며 울었다. 어른이 된 지금도 그녀는 절절히 외롭다. 평생 친구를 사귄 적도 없었다. 도저히 삶의 무게를 견딜 수가 없을 것 같다.

기티의 마음을 감정의 ABC로 헤아려 보면 이런 모습일 것이다.

기티의 감정의 ABC

A 상황

기티는 계획에 없던 아이였다. 그래서 부모님은 그녀를 짐짝 취급했고, 엄마는 기티 때문에 이혼을 하지 못했다며 기티를 원망했다. 엄마는 천식발작을 앓았고 자주 가출을 하겠다며 협박했다. 아버지는 술에 절어 살았다.

B 기티의 평가

부모님이 불행한 건 다 내 탓이다. 나는 짐만 될 뿐 아무 도움이 안 된다. 사랑받을 가치도 없고 행복해서도 안 되는 인간이다.

C 감정과 행동

죄책감이 들고 사람이 겁나고 자신이 밉다. 기쁜 일이 없다. 벌써 두 번이나 자살 시도를 했다.

두 가지 질문을 기티의 사연에 적용해 보면 다음과 같은 그림이 나올 것이다.

기티는 계획에 없던 아이였다. 부모님 말마따나 "사고"였다. 어릴 적에는 부모님의 그런 주장을 논리적으로 반박할 수 없었기에 그저 죄책감만 느꼈다. 하지만 사실 피임은 부모의 책임이다. 또 기티가 태어나면서 이혼을 보류하기로 한 결정 역시 부모님이 내린 것이다. 부모님이 사이가 좋지 않은 것도, 아버지가 술을 마시고 엄마가 천식발작을 일으키는 것도 기티의 책임이 아니다. 물론 부모님에겐 그녀가 짐스러웠을 수도 있다. 하지만 그렇다고 해서 그녀가 "짐짝"인 것은 절대 아니다. 비록 부모님은 그녀에게 많은 사랑을 주지 않았지만 그녀도 다른 사람들과 똑같이 사랑받을 가치가 있는 존재이다. 부모님이 그녀를 사랑하지 못했던 것은 그들의 기대와 자세 탓이지 기티 탓이 아니다.

기티에겐 모든 사람이 그러하듯 인생을 행복하게 살며 즐길 권리가 있다. 이해가 안 되는 바는 아니지만 기티의 생각과 그로부터 나온 결론은 그녀의 인생에 아무 도움이 안 된다. 아니, 도움은커녕 우울증을 일으키고 사람을 피하고 자살을 시도하게 만든다. 기티도 이제는 성인인 만큼 새로운 결정을 내릴 수 있다. 타인의 의견과 행동을 그녀의 가치와 구분하는 법을 배울 수 있다. 남들이 항상 그녀를 인정해 줄 수는 없다. 따라서 누구보다 그녀 자신이 스스로를 인정하고 사랑하도록 노력해야 할 것이다. 그녀에겐 이 세상에 떳떳하게 발을 딛고 자신의 욕망을 실현할 권리가 있다. 행복하게 살며 타인과 어울릴 권리가 있다. 새로운 자세를 내 것으로 만들기가 쉽지는 않겠지만 그녀에겐 그럴 능력이 있다. 물론 자신을 바라보는 시각이 바뀌는 동안에는 자신을 그렇게 대했던 부모를 향해 분노를 느낄 것이고 증오가 불타오를 수도 있을 것이다.

무의식적인 죄책감

어른들의 나쁜 행동방식들 중에는 어린 시절에 그 뿌리가 있는 것들이 많다. 어릴 적에 배운 마음자세가 원인인 것이다. 우리는 자신을 미워하기 때문에 술과 약에 중독된다. 어린 시절 아버지에게 성폭행을 당했던 것도 다 우리가 잘못했기 때문이다.

엄마가 아픈 것도, 엄마가 돌아가신 것도 우리 탓이라 믿기에 평생 죄책감에 몸부림친다. 부모가 생각하는 것처럼 무능하고 한심한 인간이 아니라는 사실을 증명해 보이기 위해 일 중독에 빠진다. 부모님을 실망시키지 않으려고 원치 않는 학과를 선택하고 사랑하지 않는 사람과 결혼하여 부모님 곁에 살면서 부모님을 여행에 데리고 다닌다. 부모님을 지키고 싶고 부모님의 감정에 책임감을 느끼기에 자신이 원치 않는 삶을 산다. 이런 무의식적 죄책감은 말 그대로 무의식적이다. 그래서 부모님에게 상처 줄까 겁이 나서 자신의 욕망을 배신한다는 사실을 미처 깨닫지 못한다.

혹시 해로운 줄 알면서도 자꾸만 해로운 행동을 하게 된다면 귀를 세우고 마음의 소리를 들어보자. 가능하다면 심리 치료를 통해 그런 행동의 원인을 찾아보면 더 좋을 것이다. 자신에게 가만히 물어보라.

- 나의 의식적 생각과 바람에 맞게 행동한다면 무엇이 달라 질까?
- 나는 뭐가 겁이 나는가?

부모님이나 다른 보호자의 규칙과 기대를 채워주기 위해, 그들의 인정을 받기 위해 그런 행동을 한다는 대답이 나온다면 그들의 인정은 전혀 필요치 않다는 마음자세를 키워나가야 할 것이다. 정신이 건강하려면 자신의 가치관에 맞는 행동도 필요하다. 그리고 앞서 7.4.4 에서도 설명했듯 부모님의 감정은 당신의 책임이 아니다.

사례 "남편을 속이고 바람을 피웠어요."

넬레는 그녀의 말마따나 "거울을 쳐다볼 수가 없어서" 우리 상담실을 찾아왔다. 거울의 자신을 보면 침을 뱉고 싶을 만큼 구역질이 솟구친다는 것이었다. 그녀는 남편이 해외 출장을 간 사이에 남편의 친한 친구와 바람을 피웠다. 그날 남편의 친구가 전화를 걸어서 같이 저녁을 먹자고 했다. 술까지 몇 잔 마신 후 그가 그녀를 집에 바래다주었다. 남편과 워낙 친한 사이라 허물이 없었기에 그녀는 그를 집으로 들였다. 하지만 그가 그녀에게 접근했고 그녀 역시 거부하지 않았다. 그렇게 두 사람은 섹스를 나누었고 그날 밤 안방 침실에서 함께 잠을 잤다. 남편의 친구와 섹스를 한 것도 모자라 그를 안방 침실에까지 끌어들인 것이다. 도저히 용서할 수 없는 일이었다. 그녀는 평소 바람피우는 사람들을 경멸했다. 그런데 자신이 그렇게 되다니, 너무 죄책감이 든다.

넬레의 감정의 ABC

A 상황

넬레는 남편의 친한 친구와 저녁을 먹은 후 집에서 섹스를 했고 그와 안방 침실에서 같이 잠을 잤다.

B 넬레의 평가

나는 남편을 속였다. 그러지 말았어야 했다. 내가 창녀와 다를 게 무엇인가?

C 감정과 행동

자신이 경멸스럽고 혐오스럽다. 남편의 눈을 쳐다볼 수가 없다. 죄책감이 든다.

　두 가지 질문으로 넬레의 평가를 점검해 보자.

　넬레는 남편 모르게 남편의 친구와 바람을 피웠다. 그것은 그녀의 도덕적 원칙에 어긋나는 행동이다. 명백한 잘못이다. 하지만 딱 한 번, 그 남자하고만 잤을 뿐이므로 "창녀"라는 평가는 과장이다. 자신의 행동을 나무라고 뉘우치는 건 당연하지만 자신의 인간적 가치를 멸시하고 거부하는 것은 유익하지 않다. 지금껏 그녀는 남편만 사랑했고 남편에게 충실했다. 훌륭한 파트너로 남편의 곁을 지킨 그 모든 시간이 단 한 번의 실수로 거품이 될 수는 없다.

넬레는 인간이고 인간은 누구나 잘못을 저지른다. 죄책감에 빠져 있다가는 자칫 부부관계도 위태로울 수 있다. 남편의 눈을 똑바로 볼 수가 없을 것이고 남편과 섹스를 할 마음이 나지 않을 것이니 말이다. 죄책감은 그날의 행동을 없던 일로 만들 수도 없고 미래의 외도를 막을 수도 없다. 그러니 어떻게 해서 그런 일이 벌어졌는지 묻고 앞으로 어떻게 하면 그런 일을 막을 수 있을지 고민하는 편이 훨씬 유익하다. 그녀의 잘못은 평소의 도덕에는 어긋나지만 지극히 인간적이다. 인간은 언제 어디서나 원칙대로 살 수는 없는 허점 많은 존재이다. 그 한 번의 실수로 남편에 대한 사랑이 흔들려서는 안 될 것이다. 다만 그 사실을 남편에게 털어놓을지 말지는 신중하게 고민해야 할 것이다.

사례 "딸이 저렇게 된 건 다 내 탓이에요."

리하르트는 대학생이 된 딸에게 차를 선물했다. 딸은 너무 좋아서 당장 그날 밤 친구들을 태우고 시승에 나섰다. 그런데 잠시 후 경찰서에서 전화가 걸려왔다. 딸이 교통사고를 당했다는 소식이었다. 황급히 병원으로 달려가 보니 같이 타고 있는 친구들은 다행히 경상이었지만 딸은 뇌를 다쳐 의식이 없었다. 두 달 후 딸은 겨우 의식을 찾았지만 의사는 아마도 평생 간질을 앓을 것이라고 말했다. 젊디젊은 아이가 대학 문턱에 발도 들여 보지 못한 채 평생을 교통하고 후유증에 시달려야 한다니 어쩔 것인가? 그게 다 자기 탓인 것만 같아 리하르트는 너무나 괴롭다.

리하르트의 감정의 ABC

A 상황

대학생이 된 기념으로 아빠에게 차를 선물 받은 딸이 교통사고를 당해 뇌를 다쳤다.

B 평가

차를 사주지 말았어야 했다. 이제 겨우 면허를 딴 아이를 혼자 내보내지 말았어야 했다. 아이가 평생 장애를 안고 살게 된 것은 다 내 탓이다. 내가 아이 인생을 망쳤다.

C 감정과 행동

죄책감과 두통에 시달리며 업무 능력이 떨어지고 작은 일에도 흥분하며 사람들을 피한다.

리하르트의 독백을 앞에서 배운 두 가지 질문으로 점검해 보자.

리하르트는 대학생이 된 기념으로 딸에게 차를 사주었다. 마침 딸이 얼마 전에 운전면허를 딴 참이었다. 학교가 대중교통으로 통학을 하기에는 좀 멀기도 했거니와 무엇보다 행복해하는 딸의 얼굴이 보고 싶었기 때문이다. 더구나 평소 딸의 성격이 침착했기 때문에 위험할 거라고는 전혀 생각지 못했다.

리하르트는 미래를 내다볼 수 없다. 딸의 장애가 자기 탓이라는 생각은 비합리적이다. 차를 사주어 사고에 일조는 했지만 사고의 원인은 정말로 많다. 그날의 도로 상황, 딸의 운전 습관, 누구나 쉽게 딸 수 있는 운전면허 취득 방식, 딸의 과도한 자신감, 친구들의 수다 등등이 결합되어 그날의 사고를 일으킨 것이다. 딸은 성인이기에 자기 행동에 책임이 있다. 따라서 딸의 인생을 망쳤다는 자책은 의미가 없다.

사고는 안타깝지만 죄책감으로 사고를 되돌릴 수는 없다. 오히려 심한 자책이 심신질환을 일으켜 자칫 직장을 잃을 수도 있다. 만일 그렇게 된다면 앞으로 딸의 치료비는 물론이고 기타 경제적인 지원을 해주기 힘들 것이다. 그러므로 리하르트는 상황을 받아들이고 새로운 현실에 적응하도록 노력해야 할 것이다. 아래와 같은 시각으로 죄책감을 털어내어야 할 것이다.

1. 그는 그 순간에 옳다고 생각한 대로 행동할 수밖에 없다.
2. 그는 미래를 내다볼 수 없다.
3. 모든 사건이 그의 책임인 것은 아니다. 대부분 다른 요인과 다른 사람들이 참여한다.
4. 사실 많은 것이 예상만큼 나쁘지는 않다. 너무 부풀려 생각할 필요가 없다. 간질이 있어도 정상적인 생활이 가능하다.

사례 "남자친구가 나 때문에 자살을 했어요."

27세의 마르타는 남자친구가 자살을 한 후 우울증과 죄책감을 견디다 못해 우리 상담실을 찾았다. 두 사람은 3년을 사귀었고 곧 결혼을 할 예정이었다. 비극적인 사건이 일어난 그날 두 사람은 좀 다투었다. 큰 싸움은 아니었고 평소 그렇듯 소소한 다툼이었다. 청소기가 고장이 나서 남자친구에게 봐달라고 했는데 계속 미루고 봐주지 않은 것이다. "아직 안 봤어? 내가 몇 번이나 부탁했는데. 대체 정신을 어디다 두고 사는 거야?" 이런 비슷한 말을 했던 것 같다. 남자친구는 잔소리가 듣기 싫었는지 벌컥 화를 냈다. "나만 보면 잔소리야. 내가 서비스 업체 직원이야?" 그러고는 화가 나서 자기 집으로 가버렸다.

아무리 전화를 해도 받지 않고 문자를 읽지도 않았기에 걱정이 된 그녀가 남자친구의 집으로 가보았더니 남자친구는 싸늘한 시신이 되어 있었다. 그날 이후 그녀는 시신이 된 남자친구의 모습이 머리를 떠나지 않았고 자신이 남자친구를 죽였다는 죄책감으로 괴로워했다. 하지만 그 심정을 누구에게도 털어놓지 못했다. 그 말이 맞는다는, 네가 잘못했다는 대답이 돌아올까 봐 겁이 나기 때문이다.

마르타의 감정의 ABC

A 상황

마르타는 남자친구와 청소기 수리 문제로 다투었다. 남자친구는 잔소리 그만하라고 화를 내고 자기 집으로 가버렸다. 그리고 몇 시간 후 시신으로 발견되었다. 자살을 한 것이다.

B 마르타의 평가

왜 남자친구에게 화를 냈을까? 내가 남자친구를 죽였다.

C 감정과 행동

우울증, 죄책감, 수면장애 때문에 힘이 들고 머릿속이 뒤엉켜 복잡하며 사람을 피하게 된다.

두 가지 질문을 던져서 마르타의 평가와 결론을 점검해 보자.

마르타가 남자친구를 비난한 것은 사실이다. 청소기를 봐 달라고 몇 번이나 말했는데도 방치했기 때문에 화가 나서 살짝 비난의 수위를 높였던 것도 사실이다. "단 한 번도 ……", "늘……" 같은 표현까지 곁들여 과장을 했다. 하지만 그건 누구나 화가 나거나 실망을 하면 쓰는 표현이다. 그런 비난이 목숨을 끊을 정도로 큰 상처가 되리라고는 누구도 생각지 못할 것이다. 그러니 그녀 역시 그런 소소한 다툼으로 남자친구가 자살을 하리라고는 전혀 예상할 수 없었다.

그가 무슨 생각을 했던 것인지, 그 시점에 왜 그런 결정을 하게 되었는지는 누구도 알 수 없다. 어쩌면 회사에서 갈등이 있었거나 친구들과 사이가 틀어졌을 수도 있고 사는 게 너무 힘들다고 느꼈거나 잠시 우울증이 찾아왔을 수도 있다. 분명한 것은 마르타의 행동이 자살을 유발할 만큼 "나쁜" 행동은 아니라는 사실이다. 그런 비난에 대응하는 방식은 실로 다양하다. 평소 남자친구가 그랬듯 똑같이 화를 내고 비난을 하거나 문을 쾅 닫고 나가거나 친구들을 불러내 술을 마실 수도 있다. 자살을 선택한 것은 남자친구 혼자의 결정이었다.

마르타는 자신의 책임을 부풀려 생각한다. 그녀는 남자친구의 감정과 행동을 조종할 수 없다. 설사 그녀의 행동이 정말로 부적절했다 해도 부적절한 행동 역시 인간적이다. 마르타는 실망하고 화가 나서 남자친구에게 잔소리를 퍼부었다. 또 진짜로 그 행동이 그런 끔찍한 결과를 몰고 왔더라도 그로 인해 그녀가 나쁜 사람이 되는 것은 아니다.

자책은 상황을 받아들이고 다시 살아갈 힘을 내는데 아무 도움이 안 된다. 마르타는 남자친구의 결정을 받아들여야 한다. 물론 다른 해결 방안들도 있었겠지만 그래도 남자친구에게는 자살을 선택할 권리가 있다. 아무리 나쁜 말을 뱉었다 해도 그녀는 그의 결정에 책임이 없다. 따라서 남자친구에게 비난을 퍼부은 자신을 용서할 수 있어야 한다. 삶은 계속된다. 그 삶을 죄책감으로 뒤덮을 것인가 말 것인가는 오직 그녀의 결정이다.

A 상황과 B 평가의 분리

특히 이 사례에서 우리는 사건 (A)과 독백 (B)의 분리가 중요하다는 사실을 새삼 확인할 수 있다. 사건 (A)는 남자친구의 자살이다. 이 사건은 상실을 슬퍼할 이유이다. 또 자신의 행동이 얼마나 남자 친구의 죽음에 기여했는지를 물어볼 계기이며, 그런 비난을 한 자신의 행동을 뉘우칠 계기이기도 하다. 그런데 사건과 행동의 관련성이 백 퍼센트라고 평가할 경우 당연히 죄책감이 생겨날 것이다. 우리가 어떤 행동을 했고 그 행동의 필연적 결과가 다른 이의 죽음이나 자살인 것이다. 하지만 대부분 이런 연관성은 맞지 않다. 우리가 우리의 행동으로 타인을 자살하게 만들 수 없기 때문이다. 그는 스스로 자살하기로 결정했다. 우리가 그의 행동에 영향을 미칠 수는 있어도 그의 행동을 완전히 통제할 수는 없다.

이처럼 우리가 기여했을 수는 있지만 자살을 일으키지는 않았다는 사실을 확실히 깨달아야만 죄책감에서 벗어날 수 있다. 이제 와 사건 (A)를 바꿀 수는 없다. 우리가 할 수 있는 것은 뉘우치고 애도하는 것뿐이다. 하지만 고통스러운 자책과 죄책감은 벗어던질 수 있다.

"사람이 죽었는데 어찌 그리 쉽게 말씀하실 수 있어요?"

내가 가족의 자살을 이런 식으로 해석하면 많은 환자들이 되묻는다. 한 인간의 죽음은, 특히 자살은 대부분 매우 아픈 경험이다. 그래서 우리는 무력감에 사로잡히고 그 이해할 수 없는 사건의 이유를 찾는다. 이유를 찾으면 사건을 받아들이기가 훨씬 수월할 것이라 믿기 때문이다.

하지만 그건 착각이다. 존재하지 않는 연관성을 찾아서 우리가 조종할 수 없는 일의 책임을 묻는다면 그런 자세를 유지하는 동안에는 평생 죄책감에 허우적댈 수밖에 없다. 가족을 잃고 애도하는 과정에서 잠시 자신의 책임을 고민하고 죄책감으로 반응하는 건 지극히 정상이다. 남편이 죽었는데 자신은 살아 있다는 사실이 죄스러울 수도 있다. 하지만 평생을 자책의 늪에 빠져 허우적댄다면 그건 백해무익한 일이다.

많은 사람들이 죄책감을 느낀다고 고백한다. 왜 남편을, 아내를, 아이를 얼른 병원에 데려가지 않았을까? 왜 병원을 여기저기 알아보지 않았을까? 왜 병원 말만 믿고 다른 치료를 시키지 않았을까? 왜 수술의 위험성을 생각하지 못했을까? 등등등. 하지만 대부분 자신의 행동과 타인의 죽음에는 명백한 인과관계가 없고, 혹은 더 치명적인 다른 요인이 있었다.

이런 온갖 자책들은 그저 속수무책으로 마주한 사건의 이유를 찾고 싶은 마음에서 온다. 죄인을 찾아내면 (어쩌면) 죽음이라는 사건을 통제할 수 있을 것이다! 그것이 아니더라도 가까운 이의 죽음은 원래 각양각색의 죄책감을 불러낸다. 왜 그 사람을 그렇게 비난만 했을까? 왜 조금 더 이해하려 노력하지 않았을까? 왜 그에게 사랑한단 말을 못 했던가? 갑자기 그를 그리워하며 전혀 다른 시각으로 바라보게 된다. 나쁜 점은 싹 사라지고 좋은 점만 떠오른다. 그래서 그에게 잘했다고, 사랑한다고 말하고 싶다. 하지만 그럴 수가 없으니 절망이 밀려온다.

"내가 뭘 잘못했기에 이런 벌을 받는 걸까?"

우리는 자문하며 자신의 잘못을 찾는다. 심지어 충분히 애도할 수 없다는 사실에, 망자를 위해 펑펑 울 수 없다는 사실에도 자책을 하게 된다.

짜증과 미움이 솟구칠 수도 있다. 그가 나만 두고 혼자 떠나버렸다. 이 고단한 현실에 나만 덩그러니 던져놓고 자기만 홀홀 날개옷을 입고 가버렸다. 영원히 나를 지켜주겠다던 약속을 팽개쳐버렸다. 그는 왜 자기 건강을 챙기지 않았을까? 이런 부정적인 감정들이 느껴지면 다시금 죄책감이 밀려든다. 죽은 이를 이렇게 미워하는 자신을 용서할 수가 없는 것이다. 애도의 과정은 다양한 단계를 거치며 여러 가지 감정을 일깨운다. 충격과 부정, 우울과 불안, 죄책감과 분노…… 그러나 그 과정의 끝에선 새롭게 깨어난 자신감과 희망이 우리를 기다리고 있을 것이다.

사례 "남편을 혼자 죽게 했어요."

56세의 에리카는 남편이 세상을 뜨고 2년 정도 지난 후에 우리 상담실을 찾았다. 남편과의 결혼생활은 참 행복했고 두 아이도 잘 자랐다. 남편은 50세가 되던 해 암 진단을 받았고 그날 이후 그녀는 남편이 세상을 떠나는 날까지 남편 곁을 떠나지 않았다. 이 병원 저 병원, 둘이서 안 가본 병원이 없었다. 남편을 살릴 수만 있다면 못할 것이 없었다.

하지만 결국 의사들도 손을 들고 말았고, 그녀는 남편을 집으로 데려와 간병했다. 그런데 남편이 세상을 떠나던 날 그녀가 딱 두 시간 집을 비웠다. 몸이 너무 안 좋아 잠깐 병원에 다녀온 것이다. 집에 돌아와 보니 남편이 숨이 끊어진 상태로 소파 옆에 쓰러져 있었다.

한동안 충격이 가시지 않았다. 장례를 어떻게 치렀는지 기억도 나지 않았다. 하지만 시간이 갈수록 죄책감이 짙어졌다. 마지막 순간까지 그의 곁을 지키겠노라 약속해놓고 하필이면 그 순간에 집을 비우다니. 에리카는 이 죄를 평생 씻을 수 없을 것만 같다.

에리카의 감정의 ABC

A 상황

에리카가 잠깐 병원에 다녀오는 사이 암 환자이던 남편이 숨을 거두었다.

B 평가

혼자 두는 게 아니었다. 임종을 지키겠다던 약속을 지키지 못하고 그를 혼자 보냈다. 나는 그를 방치했다. 나는 씻을 수 없는 죄를 지은 죄인이다.

C 감정과 행동

죄책감, 우울증, 불안, 식욕상실, 수면 장애, 위장 장애, 진정제 복용

앞의 두 가지 질문으로 점검을 해본 결과, 에리카는 자신의 평가를 이렇게 바꿀 수 있다.

에리카의 남편은 하필 그녀가 병원에 간 사이에 숨을 거두었다. 그래서 그녀는 약속과 달리 남편의 임종을 지키지 못했다. 꼭 임종을 지키고 싶었는데 그러지 못한 것이 너무나 후회된다. 그럴 줄 알았더라면 병원에 가지 않았을 것이다. 하지만 그녀는 앞날을 내다볼 수 없으니 그를 방치했다는 생각은 틀렸다. 그녀는 마지막 날까지 최선을 다해 남편을 간병했다. 그러다 탈진하기 일보 직전까지 갔고, 하는 수 없어서 병원을 간 것이다. 하필 그날 남편이 숨을 거둔 건 불행이었다. 남편의 마지막 순간을 함께 하지 못했으니 말이다.

하지만 이 불행한 조합을 자기 책임으로 돌린다면 그녀는 영원히 죄책감 속에서 살아야 한다. 그런다고 해서 되돌릴 수 있는 것도 아니고 슬픔이 줄어드는 것도 아니다. 오히려 약물 중독이 될 위험만 높아진다. 마음이 불안해서 안정제를 자꾸 먹게 될 것이니 말이다.

생각과 힘을 다시 미래로 돌리고 싶다면 되풀이하여 자신에게 말해야 한다. 남편의 임종을 지키지 못해 안타깝지만 그녀의 책임은 아니라고 말이다. 그녀는 앞날을 내다보는 예언자도 아니고 남편의 죽음을 막을 수 있는 능력자도 아니다. 그리고 마지막 순간까지 최선을 다해 남편과의 약속을 잘 지켰다.

사례 "남편을 죽여 버리고 싶어요."

42세의 탄야는 결혼한 지 11년이 되었지만 결혼생활이 순탄치만은 않았다. 남편이 바람이 나서 딴 여자를 만났던 것이다. 하지만 1년 만에 정리를 하고 다시 가정으로 돌아왔고, 그날 이후 속은 상해도 그녀는 단 한 번도 그 일을 입을 올리지 않았다.

어느 날 두 사람이 친구의 생일 파티에 갔는데 남편이 어떤 젊은 여자와 계속 이야기를 나누었다. 그 모습을 보자니 갑자기 옛날 생각이 나면서 정신이 아득해졌고, 자기도 모르게 자꾸 그쪽으로 눈길이 돌아갔다. 그러다 결국 인내의 둑이 무너지고 말았다. 그녀가 남편에게 달려가 악을 쓰기 시작한 것이다. "나쁜 놈. 또 시작이야. 내가 이 꼴을 보려고 참고 산 줄 알아? 그렇게 젊은 년이 좋으면 나가. 두 번 다시 안 잡아!"

친구들이 있건 말건 상관없었다. 화가 나서 머리가 돌 것 같았고 와인병으로 남편 머리통을 후려갈기고 싶었다. 아주 이참에 죽어준다면 더없이 좋을 것 같았다. 그녀는 가방을 챙겨 자동차 키를 꺼내 차를 몰고 밖으로 나왔다. 나중에 생각해 보니 어디를 달렸는지 기억도 나지 않았다. 그녀는 내게 자신이 무섭다고 했다. 이제껏 그런 적이 한 번도 없었다는 것이다. 그렇게 자제를 못하다니 자책이 들었다. 사람들이 그녀를 어떻게 생각할까 창피하기도 하고 무섭기도 했다.

탄야의 감정의 ABC

A 상황

탄야는 남편과 함께 친구의 생일파티에 갔다. 남편이 젊은 여자와 이야기를 주고받자 바람을 핀다고 생각했다. 그래서 남편에게 고함을 질렀다. "나쁜 놈. 또 시작이야. 내가 이 꼴을 보려고 참고 산 줄 알아? 그렇게 젊은 년이 좋으면 나가. 두 번 다시 안 잡아!"

B 평가

제정신이 아니었다. 부끄러운 줄 모르고 악을 썼다. 어쩌자고 그런 짓을 했을까?

C 감정과 행동

죄책감, 자괴감, 자신이 무섭고 창피하다.

두 가지 질문으로 점검을 해본 결과, 탄야는 그녀 답지 않은 행동을 했다. 평소 감정을 잘 드러내지 않던 그녀가 화를 분출한 것이다. 하지만 그건 자제를 하지 못한 게 아니라 부글거리는 분노를 그대로 뿜어낸 것이었다. 그리고 그 분노는 남편의 행동을 바람으로 해석하자 과거가 떠올랐고 남편이 또 바람을 시작했다는 생각에서 생긴 것이었다. 그런 생각을 하니 분노가 치밀지 않을 수가 없었다. 아무리 평소엔 그런 사람이 아니고 또 그러고 싶지도 않았지만 그녀도 어쩔 수가 없었다. 그런 분노가 생길 조건을 스스로 만들었으니 말이다.

　　하지만 그것이 창피스러운 행동인지는 모를 일이다. 그건 나른 사람들이 그녀의 행동을 어떻게 평가하느냐에 달려 있다. 아마 많은 이가 남편의 과거를 알고 있기에 그녀의 행동을 이해할 것이다. 자기도 비슷한 상황에서 분노한 적이 있기 때문에 당연하다고 생각할 사람도 있을 것이다. 또는 부부싸움 구경 잘했다며 재미있는 에피소드 정도로 생각하고 넘길 사람도 있을 것이며 그러거나 말거나 남의 일에 관심 없는 사람도 있을 것이다. 물론 사람 많은 데서 그게 무슨 짓이냐며 손가락질을 할 사람도 있을 수 있다. 한 마디로 탄야는 남들이 그녀의 행동을 어떻게 평가할지 알지 못한다. 설사 그들이 그녀에게 손가락질을 하더라고 어쩔 수 없다. 그건 그 사람들의 생각이고, 그들에겐 그럴 권리가 있다.

그러나 그날의 일에 어떻게 대처할 것인지는 그녀가 결정할 수 있는 일이다. 자책과 죄책감은 아무 도움이 안 된다. 죄책감은 또 한 번의 "폭발"을 막지도 못한다. 또 그런 일이 일어날까 봐 노심초사하면 아마 또다시 그런 일이 벌어질 것이다. 그러니 일단 분노를 인정해야 한다. 남편의 행동을 보고 과거 생각이 났고 그래서 화를 낸 것은 지극히 인간적인 반응이다. 그녀가 먼저 분노를 받아들여야만 타인의 생각에 무관할 수 있다. 또 그 한 번의 폭발이 그녀의 이미지 전체를 망가뜨릴 수는 없다. 그다음으로는 실망과 분노를 조기에 표현하고 남편과 대화를 나누려 노력해야 한다. 분노는 자신의 생각대로 일이 흘러가지 않는다는 경고의 신호이니까 말이다.

분노, 질투, 폭력

분노는 항상 일정한 기대가 있고 요구가 있는데 그 기대가 채워지지 않을 때 생긴다.

"그가 어떻게 그럴 수가 있어? 이건 너무 부당해."

이런 생각이 분노를 일깨운다. 탄야의 경우는 분노에 질투가 섞여 들었다. "남편이 딴 여자를 좋아해. 나한테는 관심도 없어. 난 그가 필요한데……" 질투와 분노 뒤편엔 부족한 자신감이 도사리고 있다.

일단 분노가 일면 대처방법을 고민하는 것 말고는 달리 우리가 할 수 있는 것이 없다. 분노를 꾹 참거나 밖으로 뛰쳐나 갈 수도 있다. 아니면 조용하게 말을 하거나 악을 쓰며 욕을 하 거나 폭력을 휘두르며 분노를 표현할 수도 있다. 아마 가장 비 효율적인 분노 재발 방지법이 죄책감일 것이다. 주변 사람들에 게 거는 기대를 줄이고 타인의 행동이나 의견에 휘둘리지 않 는 법을 배우지 못한다면 계속해서 분노와 폭력으로 대응하게 될 것이다. 최선의 방법은 보다 넓은 마음으로 이해하고 용서 하며 무엇보다 자신감을 키우는 것이다.

부부관계와 연인관계에 대한 미신

연인은, 또 부부는 이러저러해야 한다는 우리의 고정관념 도 죄책감의 원인이 된다. 가령 사람들은 흔히 이런 생각을 한 다.

1. 사랑하면 싸우지 않는다.
2. 둘이 함께 하면 혼자일 때보다 행복하다.
3. 함께 있어 행복한 사람은 단 한 명뿐이다.
4. 사랑한다면 상대가 싫다는 짓은 하지 말아야 한다.
5. 상대를 진실로 사랑한다면 말 안 해도 상대의 마음을 읽을 수 있다.
6. 나는 상대를 불행하게 만들 수 있다. 나만 상대를 행복하게

해 줄 수 있다.

7. 진실한 사랑은 영원하다.

이제 내가 무슨 짓을 할 것 같은가? 맞다. 이 미신들을 하나씩 깨부술 것이다. 현실의 모습은 이러하니까 말이다.

1. 사랑해도 생각이 다를 때가 있다. 서로 다른 환경에서 자라 서로 다른 경험을 하고 서로 다른 이상을 품은 두 사람이 만난 것이니까 말이다. 그러니 아무리 사랑해도 의견 차이가 있을 수 있고 다툼도 일어날 수 있다. 그 과정에서 서로의 바람과 의견을 잘 조율한다면 다툼은 오히려 관계에 활력을 불어넣을 수 있다. 사실은 싸우지 않는 관계가 더 의심스럽다. 분명 한쪽이 무조건 참고 져주거나 이미 상대에 대한 마음을 접었기에 싸울 의욕조차 없는 것이다.

2. 아무리 사랑해도 혼자 있고 싶을 때가 있고 다른 사람들과 시간을 보내고 싶을 때가 있다. 하루 24시간 붙어 있어야 진짜 사랑인 것은 아니다.

3. 함께 있어 행복한 사람은 많다. 또 결혼을 했더라도 다른 이에게 호감과 매력을 느낄 수 있다. 물론 그 감정을 쫓아 바람을 피울 것인지는 각자의 결정이다.

4. 사랑한다고 해서 나를 포기하고 무조건 상대에게 맞추어야 하는 것은 아니다. 사랑의 관계도 주고받기의 균형이다. 설사 우리 마음에 들지 않더라도 상대가 원한다면 그것을 허락하는 것도 사랑이다.

5. 사랑을 한다고 해서 예지력이 생기는 건 아니다. 우리는 그저 우리의 관점과 경험을 바탕으로 판단할 수밖에 없다. 우리가 상대의 기대를 채워줄 수 있으려면 그가 솔직하게 바라는 바를 이야기해야 한다. 우리 역시 상대에게 바라는 것이 있을 때는 확실하게 이야기를 해야 한다.

6. 상대를 불행하게 만들려면 그의 기대를 알고 그 기대에 맞지 않은 행동을 하여야 한다. 물론 약간 영향을 미칠 수는 있겠지만 우리는 상대의 감정을 직접 통제할 수 없다. 따라서 그의 행복은 그의 책임이다. 그가 우리와 우리의 행동을 부정적인 눈으로 본다면 우리가 아무리 그를 행복하게 해주고 싶어도 그럴 수가 없다. 하지만 그가 인생의 의미를 찾고 자신의 생각대로 산다면 혼자서도 충분히 행복할 수 있다.

7. 사랑은 쉬지 않고 길어내는 우물물 같은 것이다. 상대가 우리의 바람을 채워주면 우리의 마음에 사랑이 차오른

다. 우리가 그의 기대를 채워주면 그의 마음에도 사랑이 차오른다. 한쪽이나 양쪽의 생각과 욕구가 바뀌면 사랑은 식는다. 그럴 땐 둘이 노력해서 다시 균형을 회복해야 한다, 그렇지 않으면 사랑도 깨어질 것이다.

그러니 아래와 같은 상황에서도 죄책감은 의미 없다.

- 가끔 싸운다.
- 가끔 혼자의 시간을 가진다.
- 다른 남자나 여자에게 호감을 느낀다.
- 가끔 내 생각을 고집한다.
- 상대가 원하는 것을 모를 때가 있다.
- 가끔 상대가 미울 때도 있다.

설사 상대가 우리 곁에서 행복하지 않다 하더라도 우리는 죄책감을 느낄 필요가 없는 것이다.

사례 "아내를 속이고 있어요."

39세의 파트릭은 집중력 장애와 능률 저하로 우리 상담실을 찾았다. 수면장애도 심하고 가끔 심장이 콕콕 찌르는 것처럼 아플 때도 있다고 했다. 그는 몇 년 전부터 15살 어린 여성과 바람을 피우고 있다. 아내를 향한 마음이 싸늘하게 식어버렸기 때문이다. 그는 아내하고 있으면 할 말이 없다고 했다. 하지만 아이들 때문에, 또 이혼을 하면 위태로워질 사회적 지위 때문에 감히 이혼을 하지는 못하겠다고 했다. 아내는 아무것도 모르고 여전히 그를 사랑한다. 겉으로는 그가 자상한 가장의 역할을 다 하기 때문이다. 주말은 꼭 가족과 함께 보내고 1년에 한 번 가족과 해외여행도 다닌다. 하지만 잠자리를 안 한지는 오래되었다. 여자 친구를 만날 때는 출장을 간다고 속인다. 이런 거짓말을 할 때마다 기분이 꺼림칙하지만 사실을 알면 아내가 상처받을까 봐 두려워 그는 연극을 멈추지 못한다.

파트릭의 감정의 ABC

A 상황

파트릭은 아내 몰래 젊은 여자와 바람을 피운다. 하지만 아내에겐 비밀에 부치고 있다. 여자 친구를 만나러 갈 때는 출장을 간다고 거짓말을 한다.

B 파트릭의 평가

아내에게 거짓말을 하다니 난 나쁜 사람이다. 더 이상 아내를 사랑하지 않는다고 말하고 싶지만 사실을 알면 아내가 상처받을 것이다. 그래서 차마 말을 할 수가 없다.

C 감정과 행동

죄책감, 집중력 장애, 수면 장애, 능률 저하, 심장통증

앞의 두 가지 질문으로 그의 마음을 점검해보자. 파트릭은 아내를 속인다. 많은 사람들이 거짓말을 한다. 그 역시 지금껏 거짓말을 했다. 그에겐 거짓말을 할 권리가 있다. 거짓말은 인간적인 행동이다. 하지만 거짓말은 그의 도덕적 관념에 어긋난다. 당연히 긴장되고 불안할 것이다. 파트릭의 마음에선 두 가지 원칙이 갈등하고 있다.

한편으로는 아내에게 정직하고 싶지만 또 한 편으로는 아내에게 상처를 주고 싶지 않다. 사실을 말하면 아내가 어떻게 반응할지 불 보듯 뻔하기에 돌아올 책임이 두렵다. 하지만 사실 그는 아내의 반응을 미리 알 수 없다. 물론 상처받을 확률이 매우 높기는 하지만 그는 이미 간접적으로 아내에게 상처를 주고 있다. 사랑하는 척 연기를 하고 있으니 말이다. 침묵함으로써 그는 아내에게서 현실을 바로 보고 이혼을 고민할 기회를 빼앗고 있다. 지금껏 그는 아내에게 진실을 말하지도 않았고 그렇다고 여자 친구와 헤어지지도 않았다. 그러니 죄책감은 일종의 알리바이인 셈이다. 게다가 그는 죄책감으로 몸까지 아프다. 그가 이 죄책감에서 벗어날 길은 두 가지이다.

1. 아내와 대화를 나누어 진실을 알린다. 물론 아내는 이혼 절차에 돌입하고 파트릭은 사회적 지위를 잃고 경제적 손실을 잃을 각오를 해야 한다. 또 아내가 어떤 반응

을 보이더라도 참고 견뎌야 한다. 하지만 아내의 반응 원인은 그가 아니다. 그의 말이 아내의 반응을 불러일으키기는 하겠지만 반응의 원인인 것은 아니다. 아내의 반응은 아내의 책임이다. 아내가 분노하고 슬퍼할 수도 있겠지만 어쩌면 이미 예감하던 사실이어서 차라리 잘 되었다고 생각할 수도 있다.

2. 여자 친구와 헤어지고 가정을 지킨다. 물론 그러기 위해선 일단 아내에게 사실을 고백하고 새롭게 관계의 기초를 다져야 한다. 순수 이론적으로는 세 번째 가능성도 있다. 파트릭이 도덕적 가치관을 바꾸어 가정과 여자 친구를 동시에 유지하는 것이다. 하지만 이런 가치관은 공평하지 않다. 아내는 그에게 평생 충실했으니 말이다.

사례 "동료를 배신했어요."

55세의 슈테판은 출근하기가 너무 힘들어서 우리 상담실을 찾아왔다. 그에겐 지난 20년 간 허물없이 지낸 동료가 있다. 같은 부서에서 일하며 막역한 친구처럼 지내는 동료이다. 결혼을 하고 아이를 낳고 그 아이들이 자라는 과정을 서로가 다 지켜보았고 자신의 결점이나 허물까지도 숨김없이 보여줄 수 있는 그런 사이이다.

그런데 얼마 전 회사 사정이 급격히 어려워지면서 구조조정 이야기가 돌았다. 그의 부서에도 한 사람만 남겨두고 다 내보낼 것이라고 했다. 마음이 다급해진 그는 사장에게 슬쩍 동료의 약점을 흘렸다. 그가 요새 부쩍 능률이 떨어진 데다 심장도 안 좋다고 말이다. 전부 맞는 말이었지만 동료가 그를 믿고 털어놓은 사실들이었다.

그날 이후 슈테판은 문제를 겪고 있다. 갑자기 출근길 걸음이 천근만근이고 말수도 부쩍 줄었으며 구조조정 이야기가 나올까 봐 조마조마하다. 동료를 배신하고 믿음을 저버렸다는 생각에 죄책감도 크다.

슈테판의 감정의 ABC

A 상황

슈테판은 사장에게 동료의 약점을 슬쩍 일러바쳤다. 동료가 일의 능률이 떨어지고 심장에도 문제가 있다고 말이다.

B 슈테판의 평가

비열했다. 어떻게 그런 말을 할 수가 있을까? 난 나쁜 놈이다. 동료의 믿음을 저버렸다.

C 감정과 행동

죄책감이 들고 일할 의욕이 사라지고 집중력이 떨어지고 구조조정 이야기를 회피하고 동료를 피한다.

두 가지 질문으로 점검한 결과, 슈테판이 자신의 도덕적 가치관에 어긋나는 행동을 했다는 건 사실이다. 혹시 회사에서 잘릴까 봐 무서운 그의 심정은 이해가 가지만 방법이 자신의 도덕적 관념에 맞지 않았다. 그는 동료가 털어놓은 비밀을 사장에게 전달했다. 그 결과 기분이 좋지 않고 마음이 불안하다. 그건 잘못된 행동이었다. 하지만 그 때문에 자신을 믿음을 저버린 나쁜 놈이라고 욕하는 건 도움이 안 된다.

이런 자책 탓에 그는 동료를 예전처럼 편하게 대할 수가 없고 일할 의욕도 잃어버렸다. 이러다가는 죄책감 때문에 일자리를 잃을 수도 있다. 또 죄책감을 느낀다고 해서 행동이 달라지거나 없었던 일로 만들 수도 없다. 그러니 다른 방법을 찾아야 할 것이다.

일단 그는 자신의 잘못을 용서할 수 있다. 일자리를 잃을까 봐 겁이 나서 한 행동이었다. 그가 잘리면 생활비와 대출금은 누가 댈 것인가? 나이가 적지 않으니 새 일자리를 구하기도 힘들 것이다. 또 구조조정은 그가 어떻게 할 수 있는 일이 아니다. 그다음으로 그는 자신의 잘못을 고칠 수 있을지, 그 방법은 무엇인지 고민할 수 있다. 동료에게 사실을 털어놓을 것인가? 사장님과 다시 한번 이야기를 나눌 것인가? 그는 물론이고 동료의 일자리까지 지키기 위해 싸울 것인가? 다른 일자리를 찾아볼 것인가? 이런 방법으로 자신의 실수를 책임지고 만회하기 위해 노력하는 것이다. 그럼 다시 즐거운 마음으로 출근할 수 있을 것이고 예전처럼 동료의 얼굴을 떳떳하게 볼 수 있을 것이다.

타인의 신뢰를 저버렸다면

다들 경험이 있을 것이다. 친구가 우리를 믿고 아무한테도 말하지 말라며 비밀을 털어놓았는데 입이 달싹거려 도저히 못 참고 다른 사람에게 전해버린다. 당연히 친구를 골탕 먹이려는 의도는 아니었기에 그게 다 친구를 위해서 그런 것이라며 억지 변명을 한 적도 있다. 남들한테 으쓱하며 새 소식을 전하는 기분을 즐긴 적도 있다. 우리는 자신의 이익을 위해 친구의 부탁을 외면했다. 친구는 우리를 믿고 비밀을 털어놓았는데 말이다.

하지만 평소 남의 신뢰를 저버리면 안 된다고 생각하기에 돌아서 마음이 개운치 않을 것이고, 심한 경우 죄책감으로 괴로울 것이다. 나 역시 -상담실에서 들은 환자의 이야기가 아니라면- 들은 말을 전달한 경험이 있다. 그러기에 나는 될 수 있는 대로 "비밀" 고백을 거부한다. 그래도 상대가 비밀을 털어놓겠다고 우기면 그것으로 내가 뭘 할지는 내 마음이라고 미리 통보를 한다. 날 믿고 이야기를 하려면 내가 그것을 전달할 위험도 감수해야 한다고 미리 알리는 것이다.

　이런 경우가 아니더라도 우리가 남의 신뢰를 저버리는 일은 많다. 누군가 믿고 맡긴 돈을 내 마음대로 써버릴 수도 있고, 몰래 남의 일기장을 훔쳐볼 수도 있으며, 남의 편지를 몰래 읽을 수도 있고, 여행지에서 바람을 피울 수도 있고, 나쁜 소문을 낼 수도 있고, 빌린 물건을 돌려주지 않거나 전화가 왔다는 걸 알면서도 전화해주지 않거나 누군가를 중상모략할 수도 있다. 직접 우리 입에서 나온 약속이나 암묵적으로 사회에서 통용되는 약속을 지키지 않는 것이다. 신뢰 뒤편에는 이런 자세가 숨어 있다. "난 네가 날 위해 최선을 다할 것이라 믿어. 네가 우리 둘의 공동 규칙을 지킬 것이라 믿어." 이렇게 우리가 믿는 상대의 마음을 저버렸다면 일단 자신과 상대에게 잘못을 자백하여야 할 것이다. 하지만 인간으로서의 자신을 인정하고 어떤 동기와 욕망이 그런 잘못을 낳았는지 분석해야 한다. 그리고 그 욕망을 다른 방법으로 충족시킬 수 있는지도 고민해야 할 것이다.

사례 "엄마를 양로원에 보냈어요."

49세의 클라우디아는 교사이다. 아이들은 다 컸지만 아직 독립하지는 않았다. 얼마 전 78세인 어머니를 양로원에 보낸 후로 클라우디아는 자꾸 죄책감이 들어 괴롭다. 평생 어머니하고 사이가 좋지 않았고 어머니한테 사랑받은 기억도 없지만 양로원에 다녀오면 마음이 편치 않아서 술을 마시지 않고는 잠이 오지 않는다. 어떨 땐 괜히 남편과 아이들에게 짜증을 부리기도 한다. 양로원 풍경이 아른거려 너무 괴롭기 때문이다. 생기 하나 없는 멍한 표정으로 앉아 죽음을 기다리는 노인들. 그런 광경을 보는 것만으로도 충분히 괴로운데 어머니가 기름까지 들이붓는다. 찾아갈 때마다 어떻게 날 양로원에 처넣을 수가 있냐며 그녀를 원망한다. 평생 뼈 빠지게 일해 널 키웠노라고, 나는 우리 엄마를 돌아가실 때까지 집에서 모셨노라고 말이다.

하지만 어머니를 집에 혼자 두고 직장에 나갈 수는 없다. 또 노인을 모시는 일이 그리 쉬운 일도 아니다. 남편과 아이들도 싫어하는 눈치다. 이런 상황에서 양로원이 최선인 줄은 잘 알지만 클라우디아는 마음이 통 편치 않다.

슈테판의 감정의 ABC

A 상황

클라우디아의 어머니는 혼자서 지낼 수가 없다. 양로원에 들어가셨지만 딸을 원망한다.

B 클라우디아의 평가

싫다는 엄마를 기어이 양로원에 보내다니 난 나쁜 딸이다.

C 감정과 행동

죄책감에 시달리고, 술을 마시며 가족에게 짜증을 부린다.

두 가지 질문으로 점검을 해보자.

클라우디아는 어머니를 양로원에 모셨다. 그럴 이유는 충분하다. 직장에 나가야 하고 어머니를 보살피는 일이 너무 힘에 부치며 어머니하고 사이가 좋지 않아 다툼이 잦고 가족도 집에 모시는 걸 반대한다. 어머니는 늙어서 양로원에 갈 것이라는 생각을 한 번도 해본 적이 없었기에 딸을 원망한다. 하지만 어머니가 힘들어하는 것이 클라우디아의 탓은 아니다. 클라우디아가 일조는 했겠지만 어머니가 불행한 것은 1. 딸이 자신의 바람과 달리 같이 살지 않기 때문이고 2. 자신의 바람대로 해주기를 딸에게 요구하기 때문이다. 그런 자세로 인해 양로원 생활에 적응하기가 힘든 것이다.

어머니는 자신의 어머니를 집에서 모셨지만 클라우디아에겐 자기 뜻대로 인생을 꾸려갈 권리가 있다. 어머니는 클라우디아를 이기적인 딸이라고 욕하지만 클라우디아는 그런 사람이 아니다. 클라우디아는 계속 어머니를 챙기고 보살핀다. 요양원비도 그녀가 내고 정기적으로 찾아가며 주말이나 공휴일에는 어머니를 집으로 모셔오기도 한다. 클라우디아의 입장에선 그것이 최선의 타협안이다. 따라서 괜한 죄책감으로 자신을 들볶는 것은 아무 도움이 안 된다. 죄책감 때문에 자칫 가족과 문제가 생길 수도 있으며 술이 습관이 되어 건강을 해칠 수도 있다. 클라우디아는 죄책감을 후회로 바꿀 수 있다. 어머니가 요양원에서 행복하지 못한 것은 안타깝지만 어머니 스스로가 요양원을 새 집으로 받아들이려 노력한다면 훨씬 더 만족하며 살 수 있을 것이다.

클라우디아에겐 자기 뜻대로 살아갈 권리가 있다. 그사이 사회 구조도 많이 변했다. 여성의 사회활동이 늘고 요양원이나 양로원도 많이 생겼다. 어머니가 원망하더라도 새겨듣지 말고 자신의 인생관대로 밀고 나가야 한다. 진짜 이기적인 인간은 죄책감도 못 느끼고 타협안을 찾으려 노력하지도 않는다. 어머니에게 솔직한 마음을 전하는 것도 좋을 것이다. 함께 살고 싶지만 그게 꼭 좋지만은 않다고 말이다.

부모와 성인 자녀의 관계

죄책감을 가장 자주 느끼는 분야를 꼽아보면 부모 자식 관계가 단연 1등이다. 여러 가지 이유가 있을 수 있다.

첫째, 부모는 우리에게 죄책감을 가르쳐준 사람이며, 우리가 인정받기를 갈망했던 사람이기 때문이다. 따라서 우리 마음에 죄책감을 불러일으키기도 가장 수월할 것이다.

둘째, 자식이 부모에게 해야 할 도리를 가르치는 암묵적인 사회규범들이 참으로 많다. 자식은 부모를 기쁘게 해야 하며 실망시키지 말아야 하고 공경해야 한다.

이 온갖 규범들 탓에 우리는 가장 중요한 기본 원칙을 잊게 된다. 부모라고 해서 감정의 ABC에서 예외일 수 없다는 원칙 말이다. 그 말은 곧 부모의 감정은 부모의 책임이라는 뜻이다. 부모의 기대와 자세가 우리 행동에 대한 부모의 반응을 결정한다. 가령 자식이 어머니 생일을 까먹는 바람에 어머니가 실망을 한다. 자식이 한 달에 한 번밖에 찾아오지 않아서 어머니가 울적하다. 자식이 여행을 다녀왔으면 바로 전화를 할 것이지 며칠이 지나도 전화 한 통이 없어서 화가 난다. 자식이 대출을 받아 집을 산다는데 걱정이 이만저만이 아니다.

내가 무슨 말을 하려는지 짐작했는가? 부모님의 기분이 나쁠 때마다 우리가 잘못을 했다는 생각에서 벗어나야 한다. 때로 부모님의 울적한 기분은 비현실적인 기대나 시대에 맞지 않는 기준 탓일 수도 있다. 자식을 위해 희생했으니 자식이 감사해야 마땅하다고 생각한다. 그래서 매일 전화해 안부를 묻고 남부끄러운 짓을 하지 말아야 마땅하다고 생각한다. 자신들이 잠을 못 자는 것이, 걱정으로 속이 쓰린 것이 다 자식 탓이라고 생각한다. 부모가 자식에게 거대는 기대가 많을수록 "성인" 자식은 숨이 막히고 답답하여 반항을 할 것이고 죄책감에 시달릴 것이다.

물론 부모의 기분에 완전히 무심하라는 말은 아니다. 자식에게 완전한 면죄부를 주려는 것도 아니다. 우리는 우리의 인생관과 부모의 인생관을 두루 살펴 절충의 노력을 할 수 있고 또 그래야 한다. 일단 죄책감을 느낀다는 사실부터가 규범이 충돌했다는 뜻이니까 말이다. 그러니 양쪽의 규범을 잘 살펴보고 어떤 것을 따르고 싶은지 점검해야 한다.

부모의 기대를 따를 것인가? 아니면 자신의 욕망을 따를 것인가? 우리의 결정으로 부모님의 목숨이 위태롭지 않다면 우리는 우리의 욕망을 따라도 좋다. 부모님 역시 기대를 접고 새로운 상황에 적응하는 법을 배울 수 있다. 부모가 너무너무 바라는데 그 기대가 우리의 인생관에 크게 위배되지 않는다면 부모님의 뜻을 따라 부모님을 기쁘게 해 드려야 할 것이다.

우리 상담실을 찾은 환자들은 부모님께 어떻게 해야 바른 행동인지 묻는다. 요양원에 보내도 될까요? 얼마나 자주 찾아봐야 할까요? 숨김없이 다 말씀을 드려야 하나요? 사이가 안 좋은데 연락을 끊어버려도 될까요? 안타깝지만 누구에게나 통하는 대답은 없다. 세상 그 누구도 대답해줄 수 없다. 국가도 마찬가지고 종교도 마찬가지다. 나는 어머니가 혼자서 생활을 할 수 없는 상태가 되면 내가 보살펴드려야 한다고 생각한다. 하지만 어머니가 혼자서 하실 수 있는데도 굳이 내가 해드리거나 어머니가 할 수 없을 때 내가 꼭 직접 보살펴드려야 한다고는 생각하지 않는다.

나는 일주일에 한 번 전화를 드리고 4주에 한 번 찾아뵙는다. 어머니가 혼자서 생활을 하실 수 없게 되면 가사 도우미를 보내드릴 것이다. 어머니를 자주 찾아뵙고 어머니를 돕겠지만 집에 모시지는 않을 것이다. 우린 생각도 다르고 생활 리듬도 달라서 한 집에 살면 둘 다 너무 불편할 것이다. 이런 원칙이 문제를 일으키지 않을 때까지는 나는 이 원칙을 고수할 것이다. 물론 살다가 원칙을 바꾸어야 할 때가 온다면 당연히 또 그렇게 할 것이다.

소소한 죄책감

굳이 어머니를 요양원에 보내는 것과 같은 큰 사건이 있어야 하는 것이 아니다. 우리는 아무것도 아닌 일들에도 자주 죄책감을 느낀다. 메일에 답을 안 써도, 선물을 받고 답례를 하지 않아도, 부재중 전화를 보고 즉각 전화를 하지 않아도 죄책감이 밀려든다. 친구의 생일을 까먹어도, 친구한테 왜 빌린 책 돌려주지 않느냐는 소리를 들어도, 모임에서 일찍 자리를 뜨려 해도 죄책감을 느낀다. 이 모든 죄책감의 뒤편엔, 선량한 사람은 그런 짓을 하면 안 되고, 남들의 나쁜 기분은 우리 탓이라는 마음자세가 숨어 있다. 사실을 그렇지 않다.

- 선량한 사람도 항상 남의 욕망과 바람을 채워줄 필요는 없다. 남의 목숨이 위험하지 않는 한도에선 자신의 욕망을 채울 권리가 있다.

- 선량한 사람도 실수를 하고 까먹고 지각을 하고 투덜대며 무심하고 인내심이 부족하며 거짓말을 한다.

- 우리는 남의 감정을 조종할 수 없다. 그들이 실망을 하건 모욕감을 느끼건 그것은 그들의 결정이고, 그 실망과 모욕에 어떻게 대처할 지도 그들의 책임이다.

- 선량한 사람이 잘못을 한 번 저질렀다고 해서 곧장 나쁜 사람이 되는 건 아니다.

10
생각과 감정이 일으키는 죄책감

행동하지 않아도, 어떤 생각을 하거나 감정을 느끼기만 해도
죄책감이 들 수 있다.

"남편이 미워요."

46세의 헨레에테는 결혼한 지 21년이 되었다. 그동안 남편과 함께 차린 회사가 제법 건실하게 성장했고, 돈도 많이 벌어서 집이 두 채나 될 정도로 넉넉하다. 그런데 얼마 전부터 불만이 생기기 시작했다. 이렇게 살다가는 일만 하다 죽을 수도 있을 것 같았기 때문이다. 매일 야근에다 주말까지 일만 하는 생활이 지긋지긋했다. 하지만 남편의 생각은 달랐다. 남편은 여전히 열정에 불타서 회사 규모를 더 키우겠다는 계획을 세웠다. 여기서 일을 줄이면 트렌드 변화를 쫓아가지 못해 회사가 망할까 두렵기 때문이다.

헨리에테는 남편을 사랑하고 남편을 잃고 싶지 않지만 가끔씩은 미워서 미칠 것 같다. 자신이 회사의 제물이 된 것만 같다. "일 좀 줄이고 함께 인생을 즐기면 얼마나 좋을까?" 그녀는 자주 그런 생각에 젖고, 그 마음을 남편에게 털어놓기도 했다. 하지만 또 한 편으로는 "나만 잘 살자고 이래? 우리 가족을 위해서 이러는 거잖아."라고 대답하는 남편에게 죄책감이 들기도 한다.

헨리에테의 감정의 ABC

A 상황

헨리에테와 남편은 밤 10시까지 일하고 주말에도 회사로 출근한다. 헨리에테는 이제 그만 일을 줄이고 여생을 즐기고 싶다. 그래서 일만 하는 남편이 밉다.

B 헨리에테의 평가

남편을 사랑한다면 미워지도 말아야 한다. 남편은 우리 가정을 위해 일하는 것이다. 난 나쁜 사람이다.

C 감정과 행동

미움과 죄책감을 느끼면서 계속 일을 한다.

헨리에테의 평가를 두 가지 질문으로 점검해보자.

헨리에테는 남편을 사랑하지만 미울 때도 많다. 이 두 가지 감정은 자신과의 대화를 통해 생겨나는 완전히 독립된 감정들이다. 일만 하는 남편 때문에 인생을 즐길 수 없다는 생각이 들면 남편이 미울 수밖에 없다. 이제 일을 그만 좀 줄이고 둘이서 여행이나 다녔으면 좋겠다. 그러나 남편은 계속 일을 열심히 해서 회사를 더 키우고 싶어 한다.

그녀는 자신이 피해자라고 생각한다. 함께 여생을 즐기기 위해서는 그가 필요하기 때문이다. 남편이 가정을 위해 일하는 것이라고 주장한다고 해도 헨리에테는 그를 미워할 수 있다. 남편이 일하는 건 무엇보다 자신이 즐겁기 때문이며 경쟁에서 밀려날까 두렵기 때문이다. 그는 아내에게 일을 많이 하는 게 좋은지 물어보지 않았다. 또 남편을 자주 미워한다고 해서 그녀가 나쁜 사람인 건 아니다. 생각만 했을 뿐 어떤 행동을 한 것이 아니다.

따라서 죄책감은 해가 될 뿐이다. 죄책감을 느낀다고 해서 미움이 덜해지는 것도 아니며, 피해자라는 생각만 더할 뿐이다. 또 죄책감 탓에 일을 줄이고 자기 욕망대로 살 수가 없다. 죄책감에서 벗어나고 싶다면 우선, 미워하는 마음을 인정해야 한다. 미움은 자신이 남편에게 종속되었다는 생각에서 생겨난다. 따라서 그녀가 자신을 단죄할 이유가 없다. 둘째, 그녀는 앞으로 어떻게 인생을 꾸려갈지 고민해야 한다.

두 가지 대안이 있다.

1. 남편의 뜻을 따라 앞으로도 똑같이 열심히 일하기로 마음먹는다. 그럼 자연스럽게 미움이 사라질 것이다.

2. 일을 줄이고 혼자서 인생을 즐긴다.

그녀가 바라는 세 번째 대안, 즉 남편과 함께 인생을 즐기는 대안은 그녀 혼자 결정할 수 있는 것이 아니다. 그러자면 남편의 이해가 필요하다. 혹시 그녀가 자기 뜻대로 즐기다 보면 남편도 그녀의 뜻을 따라올 수 있을지 모르겠다. 어쨌든 두 번째 대안을 선택해서 혼자서 일생을 즐기더라도 죄책감을 느끼지 않도록 주의해야 한다. "남편은 뼈 빠지게 일하는데 나만 즐기다니 너무 이기적이야." 이런 생각은 죄책감을 일으킬 것이다. 하지만 일만 하자는 결정은 그녀가 아니라 남편이 내린 것이다.

사례 "다시 사랑에 빠졌어요."

65세의 리자는 3년 전에 남편을 여의였다. 그런데 몇 달 전에 묘지에서 아내를 잃은 67세의 홀아비를 만났다. 자주 마주치면서 두 사람은 말을 섞게 되었고 커피를 함께 하는 사이로 발전했다. 과부 사정은 홀아비가 안다고 처지가 비슷하다 보니 마음도 잘 통했고 어느덧 소녀처럼 그를 만날 시간이 손꼽아 기다려졌다. 하지만 한 편으로 마음이 불안했다. 괜찮은 걸까? 이 나이에 사랑이라니? 죽은 남편을 배신하는 게 아닐까? 남편을 까맣게 잊어버리면 어쩌지? 그녀는 죽은 남편을 배신했다는 생각에 죄책감을 느꼈고 관계가 더 발전하면 어떻게 될까 걱정이 되었다.

리자의 감정의 ABC

A 상황

남편과 사별한 리자가 묘지에서 같은 처지의 남성을 만났고 어느 사이 사랑을 느끼게 되었다.

B 리자의 평가

사별한 지 얼마나 되었다고 딴 남자를 사랑하는가? 이러다가 남편을 잊어버리면 어쩔 것인가? 남편을 배신하면 안 된다.

C 감정과 행동

죄책감을 느끼고 그 남성과 더 가까워지지 않으려고 애쓴다.

두 가지 질문으로 리자의 마음을 짚어보자. 리자는 묘지에서 만난 남성에게 호감을 느낀다. 그래서 자꾸 보고 싶고 만나고 싶다. 이런 마음은 인간적이다. 모든 인간에겐 사랑을 나누고 싶은 욕망이 있다. 하지만 사랑을 느낀다고 해서 남편을 잊어버린다는 생각은 잘못이다. 다른 남자를 사랑한다고 해서 30년을 함께 살았던 남편을 잊을 수는 없다. 그건 불가능한 일이다. 사랑을 한다고 해서 남편을 배신한다는 생각도 비합리적이다. 그건 과거의 원칙이다. 남편이 살아 있었을 때 그녀는 남편만 사랑했고 남편에게 충실했다. 지금도 추억 속의 그를 여전히 사랑한다. 물론 지금도 그와 사랑을 나누고 싶지만 그럴 수는 없다.

죄책감을 느낀다고 해서 남편이 살아 돌아오는 것도 아니니 죄책감은 누구에게도 도움이 안 된다. 오히려 리자가 지금 여기를 살며 기쁨을 느낄 수 없게 방해한다. 슬픔을 이기지 못하게 방해한다. 그러니 새로운 모습의 사랑을 허락하는 것이 훨씬 도움이 될 것이다. 어떤 사랑의 관계도 똑같을 수 없다. 새로운 남성과 사랑을 나눈다 해도 그것이 그간의 결혼생활을 밀어낼 수는 없다. 처음에는 낯설고 어색하겠지만 금방 익숙해질 것이다. 살면서 여러 사람을 사랑하는 것은 지극히 인간적이다. 결혼의 맹세마저도 "죽음이 갈라놓을 때까지"만 사랑하라고 하지 않던가?

사례 "남편이 고통스럽게 죽었으면 좋겠어요."

56세의 드니즈는 암 진단을 받았다. 수술을 받고 요양을 하던 중에 미워하는 마음이 암을 키울 수 있다는 사실을 알고 우리 상담실을 찾아왔다. 드니즈의 마음엔 미움이 가득했다. 남편이 45세에 심장병에 걸려 수술을 받은 후로 그녀는 직장을 그만두고 오직 남편 간병에만 매달렸다.

자연히 친구들하고도 멀어졌고 좋아하던 취미생활을 다

중단했다. 그런데 재활병원에 들어간 남편이 그만 그곳 간호사랑 눈이 맞아서 이혼을 요구했다. 게다가 남편이 자산 관리를 잘못해 그녀 이름으로 큰 빚을 졌다는 사실도 알게 되었다. 기가 막힌 상황이었다. 남편은 바람이 나서 집을 나갔고 엄청난 빚까지 떠안았는데 직장도 없고 친구도 없었다. 도저히 남편을 용서할 수가 없었다. 그가 그녀의 인생을 완전히 망가뜨렸다.

그날 이후 그녀는 무서운 상상에 빠져들었다. 남편과 애인이 차를 타고 가다 교통사고가 나서 그 자리에서 즉사하는 상상이었다. 그러다 흠칫 놀라서 정신을 차리면 죄책감이 밀려들었다. 그래도 한 때는 사랑하던 사람이었는데 어떻게 그가 잔혹하게 죽기를 바라는가? 이러다 정말 상상대로 되면 어쩌지? 죄책감과 더불어 불안이 밀려왔다.

드니즈의 감정의 ABC

A 상황

드니즈의 남편은 간호사와 눈이 맞아 아내를 떠났다. 드니즈는 산더미 같은 빚을 졌고 직장도 친구도 잃었다. 그녀는 남편이 너무 미워 그가 끔찍하게 죽는 장면을 상상한다.

B 드니즈의 평가

남편이 죽기를 바라다니 난 나쁜 인간이다. 상상이 맞지 않았으면 좋겠다.

C 감정과 행동
죄책감이 들고 자신이 미우며 불안하다.

그녀의 마음을 두 가지 질문으로 점검해보면 결과는 다음과 같다.

드니즈는 전남편이 죽기를 바란다. 그럴 수 있는 일이다. 이유는 많다. 그녀는 너무 힘든 현실 앞에 절망감을 느낀다. 남편에게 많은 것을 주었건만 되돌아온 건 배신 뿐이었다. 그래서 정의를 되찾는 유일한 방법이 남편의 죽음을 상상하는 것이라 믿는다.

지극히 인간적인 마음이다. 또 상상을 한다고 해서 실제로 그가 죽는 것도 아니니 위험할 것도 없다. 하지만 미움과 상상으로 죄책감을 느끼는 건 도움이 안 된다. 기분만 더 안 좋아지고 자신에게 더 실망할 뿐이다. 나아가 새로운 인생을 개척할 힘도 나지 않는다. 따라서 드니즈는 이 죄책감에서 벗어나야 한다.

일단 미워하는 마음을 받아들이려 노력해야 한다. 미워하는 자신을 단죄할 것이 아니라 왜 미움이 생겨나는지 그 원인을 찾아야 한다. 상상이 현실이 될 것이라는 걱정도 쓸데

없다. 생각은 자신의 몸과 행동만 조절할 수 있다. 설사 남편이 사고를 당해 죽는다고 한들 그건 그저 우연히 맞아떨어졌을 뿐이다.

미움을 받아들인다면 그녀는 실망과 절망을 위험하지 않은 방식으로 표현할 길을 찾을 것이다. 그런 다음 남편의 행동을 인정하고 주어진 현실을 받아들이는 마음자세를 키워나가야 한다. 그래야만 과거를 향한 미움에서 벗어날 수 있고 다시 인생을 즐길 수 있을 것이며 새로운 인생을 개척해 나갈 수 있을 것이다.

11

죄책감과 성생활

성생활 역시 죄책감을 일으키는 큰 원인이다. 종교는 성생활을 규제하는 온갖 교리들을 구비하고 있다. 국가는 법을 정해 국민의 성생활을 규제하며, 부모님 역시 성을 바라보는 자신들의 시각을 우리에게 주입한다.

42세의 아멜리에는 결혼한 지 17년 차이다. 남편은 첫 남자였다. 성생활이 늘 만족스러운 건 아니어서 잠자리 욕구도 크지 않았고, 오르가슴을 느끼는 척 연기를 한 적도 많았다. 그런데 어느 날 성행위를 하는 도중에 딴 남자 생각이 나자 마구 흥분이 되기 시작했다. 그 남자가 그녀에게 달려들어 그녀의 옷을 찢는 상상을 했다. 상상 장면이 생생할수록 더 흥분이 되었다.

그날 이후 그녀는 마음이 불안했다. 남편에 대한 사랑이 식은 것일까? 상상을 해서 흥분을 하다니 내가 성도착증인 건 아닐까? 이걸 남편한테 말해야 하나? 이래도 되는 걸까? 이 질문의 답을 찾기 위해 그녀는 우리 상담실을 찾았다. "그런 짓까지 해야 한다"는 사실에 죄책감이 들고 마치 그 상상의 남자와 바람을 피우는 기분이 든다고 말이다.

아멜리에의 감정의 ABC

A 상황

아멜리에는 남편과 성행위를 하는 도중에 매력적인 딴 남성과의 격정적인 베드신을 상상했다.

B 아멜리에의 평가

이런 짓을 하다니 남편을 사랑하지 않는 것이다. 난 성도착증 환자일지도 모르겠다. 남편을 기만했다.

C 감정과 행동

죄책감이 들고 자신이 싫어지며 열등감이 든다.

이런 평가를 앞의 두 가지 질문으로 점검해보면 결과는 다음과 같다.

아멜리에는 상상을 한다. 지금까지 그런 적이 없었고 또 다른 사람들은 안 그런다고 하지만 그게 뭐 어떻단 말인기? 그녀는 상상을 해도 괜찮다. 상상을 한다고 남편을 덜 사랑하는 것이 아니다. 그녀는 매일 다양한 방식으로 남편에게 사랑을 표현하며, 성행위를 할 때에도 남편을 쓰다듬고 남편을 흥분시킨다. 그녀는 성도착이 아니며 남편을 기만하는 것도 아니다. 그저 더 흥분하기 위한 방편으로 상상을 이용할 뿐이다.

죄책감은 아무 도움이 안 된다. 죄책감을 느끼면 상상의 실험을 계속하기 힘들 것이고 남편과 이야기를 나눌 수 있는 기회도 사라질 것이다. 오히려 성행위를 할 때 더 경직될 것이고 심하면 성행위가 두려워질 수도 있다. 아멜리에가 죄책감을 털어낼 수 있는 방법은 두 가지이다.

첫째, 생각도, 상상도, 몸도 오직 남편에게만 충실하기로 결정한다. 그러려면 남편과 그녀의 성적 취향 및 욕망에 대해 이야기를 나누어야 할 것이다. 어쩌면 앞으로도 오르가슴을 잘못 느끼게 될지 모른다.

둘째, 쾌락의 상상을 전폭적으로 허용하기로 결정할 수 있다. 아내가 더 흥분하고 욕구도 강해지면 아마 남편도 더 좋아할 것이다. 상상으로 성적 흥분이 더해지는 경우는 드물지 않으므로 그녀는 결코 성도착이거나 비정상이 아니다. 성적 흥분과 사랑은 전혀 별개의 문제이다. 사랑한다고 무조건 흥분되는 것도 아니고, 거꾸로 흥분이 된다고 해서 자동적으로 사랑하게 되는 것도 아니다. 남편에게 이야기할지 말지는 성적인 상상을 흥분의 도구로 이용하겠노라 결정한 후에 고민할 사항이다.

사례 "욕구가 없어요."

32세의 이자벨은 남자친구와 같이 산다. 그런데 직장에 일이 너무 많아서 야근을 자주 하는 데다 이틀에 한 번은 근처에 사는 부모님을 들여다본다. 거기에다 워낙 성격이 깔끔해서 집안이 항상 반질반질해야 한다. 그러다 보니 밤이면 온몸이 천근만근이라 손가락 하나도 들 힘이 없다. 남자친구가 요구를 해도 의욕이 없다 보니 자꾸 거부하게 된다.

견디기 힘든 남자친구가 요즘 들어 자주 불만을 표출한다. 벌써 6개월째나 관계가 없었다. 남자친구는 자기가 보기엔 집이 충분히 깨끗하니 제발 청소는 대충 하라고 하고, 부모님도 일주일에 한 번만 찾아가도 되지 않느냐고 한다. 그럴 때마다 이자벨은 남자친구를 달래며 다음 주말까지만 참아달라고 부탁을 한다. 속으로는 생리가 터졌으면 좋겠다는 생각을 하거나 무슨 다른 핑계가 없나 고민한다. 물론 남자친구에게 미안하고 죄책감이 들지만 정말 아무런 의욕이 없다.

이자벨의 감정의 ABC

A 상황

이자벨은 직장에도 다니고 부모님도 보살피고 집안일도 한다. 그래서 성욕을 못 느낀다. 남자친구가 불만을 느끼며 요구를 한다.

B 이자벨의 평가

그와 섹스를 하지 않으니 난 나쁜 여자 친구이다.

C 감정과 행동

죄책감을 느끼고 의욕이 없으며 남자친구가 가까이 오는 게 싫다.

두 가지 질문을 이용해 이자벨의 평가를 검점해보자.

이자벨은 성욕이 없다. 부모님과 직장, 집안일 등 할일이 너무 많기 때문이다. 일이 너무 많아 피곤에 절어 살기 때문에 성욕이 있을 수가 없다. 하지만 자신이 나쁜 여자 친구라는 생각은 과하다. 성욕이 넘쳐야 좋은 여자 친구인 것은 아니지 않은가?

가령 청소를 깔끔하게 하고 음식을 잘하며 매력적이고 믿음직한 것도 좋은 여자 친구의 비결이다. 억지로라도 성욕을 느껴야 한다는 이자벨의 생각은 별 의미가 없다. 그 생각이 죄책감을 불러오고, 죄책감은 다시 성욕을 떨어뜨린다.

죄책감에서 벗어나기 위해서는 우선 그런 생각과 그런 하루 일과로는 절대 성욕이 생길 수 없다는 사실을 인정해야 한다. 남자친구가 아무리 욕구를 느껴도 그녀에겐 욕구가 없을 권리가 있다. 물론 장기적으로는 남자친구의 요구를 진지하게 받아들일지 고민해야 할 것이다. 또 왜 밤이면 탈진할 정도로 하루를 힘들게 사는지도 고민해야 한다.

남자친구와 헤어지는 한이 있더라고 다른 부분을 절대 포기할 수 없는가? 그녀가 근본적으로 성욕이 없는 사람인가? 성행위를 거부하는 것은 남자친구에 대한 불만이 있기 때문인가? "섹스를 해야 해." 이런 자세로는 아무것도 해결되지 않는다. "난 이러저러해서 그와 섹스하고 싶지 않아." "난 너무 이러저러해서 그와 섹스할 수가 없어." 혹은 "그와 섹스하고 싶어서 이러저러한 노력을 할 거야." 이런 자세가 필요하다. 그래야 남자친구의 기대에 종속되지 않고 자신의 성생활을 스스로 책임질 수 있을 것이다.

사례 **"성폭행을 당했어요."**

26세의 우르줄라는 성폭행을 당한 후 병원에서 치료를 받았고, 병원의 권유로 심리치료를 받기 위해 우리 상담실을 찾았다. 대학생인 그녀는 학교에서 자전거를 타고 집으로 가다가 괴한에게 끌려가 길가에서 성폭행을 당했다. 남자는 부상당한 그녀를 그대로 내버려 두고 도망쳤다.

그날 이후 그녀는 사람을 믿을 수 없다. 낮에도 좀처럼 집 밖을 나가지 않고 어둠이 깔리면 집에 있어도 무섭다. 뒤에서 누가 따라오는 기척이라도 나면 온몸이 덜덜 떨린다. 밤에도 악몽에 시달리고 심장이 두근거린다.

무엇보다 괴로운 것은 자책이다. 내가 너무 경솔했다. 그 길로 가지 않았다면 그런 일도 없었을 텐데. 그녀는 그렇게 매일매일 자책을 한다.

우르줄라의 감정의 ABC

A 상황

우르줄라는 자전거를 타고 집으로 가다가 길가에서 성폭행을 당했다.

B 우르줄라는 평가

내가 너무 경솔했다. 그 길로 가지 않았더라면 그런 일을 당하지 않았을 것이다.

C 감정과 행동

죄책감이 들고 심장이 두근거리며 악몽을 꾸고 사람이 겁난다.

두 가지 질문으로 그녀의 마음을 점검해보자.

우르줄라는 자전거를 타고 가다 성폭행을 당했다. 하지만 그녀는 예상할 수도 없었고 막을 수도 없었다. 그곳은 지극히 평범한 도로였다. 범인의 행동은 그녀의 책임이 아니다. 그녀를 성폭행하기로 결정한 건 범인이다. 설사 여성이 경솔하게 한밤중에 혼자 숲 속을 거닌다거나 짧은 미니스커트를 입었다 해도 책임은 범인의 몫이다. 자책을 한다고 해서 없던 일이 되지 않는다.

자책을 하면 긴장만 더할 뿐이며 오히려 막을 수 있었을 방도를 찾기 위해 자꾸만 그 악몽 같은 사건을 떠올리게 된다.

죄책감과 자책에서 벗어나려면 해로운 자신과의 대화를 바꾸어야 한다. 막을 수 있었다면 좋았겠지만 그녀는 그럴 수 없었다. 그 상황에선 그녀에게 통제권이 없었다. 하지만 그렇다고 해서 그녀가 인생을 통제할 수 없다는 말은 절대 아니다. 이제 그녀는 호신술을 배우는 등 그런 일을 방지하기 위해 노력할 수 있다.

어릴 적에 당한 성범죄

어릴 때 성범죄를 당한 많은 여성들이 죄책감에 시달린다. 왜 가만히 있었는지 자책하고 능동적으로 저항하지 않았던 자신을 탓한다. 하지만 그들의 판단 기준은 어른이 된 지금의 가치관과 능력이다. 어릴 때는 결과가 두려웠을 것이고 가해자를 힘들게 할까 봐, 그의 애정을 잃을까 봐 겁이 났을 것이다. 심지어 그게 나쁜 짓이라는 사실조차 모르는 경우도 많다. 가해자를 전적으로 믿기에 그가 나쁜 짓을 할 수 있을 것이라는 생각 자체를 하지 못하기 때문이다.

자책에서 벗어나기 위해선 어린 시절의 자신에게로 돌아가야 한다. 당시 나의 능력은 어느 정도였을까? 당시 나는 무슨 생각을 했고 어떤 기분을 느꼈는가? 그리고 자신의 행동을 용서할 줄 알아야 한다. 지금 보면 말도 안 되는 짓이라 해도 그때는 그것밖에 할 수 없었다.

자위, 성욕, 비정상적 욕망

국가와 종교와 과학은 성생활의 규칙과 규범을 우리 몸에 장착시키기 위해 사력을 다한다. 지금도 동성애를 금지하는 국가가 많고 자위와 쾌락을 터부시하는 종교도 있다. 과학 역시 쉬지 않고 새로운 통계 결과를 발표하여, 얼마나 자주 어떤 체위로 섹스를 하는 것이 건강에 좋은지를 우리 머리에 세뇌시킨다. 그러니 누구의 말을 들어야 하는가? 건강하고 올바른 성행위는 무엇인가? 나는 이 경우에도 보편타당한 규칙은 있을 수 없다고 생각한다. 누구에게나 나름의 규칙을 정할 권리가 있다.

- **파트너 양쪽이 동의했고 양쪽이 만족하면 된다.**
- **제3자에게 해가 되지 않으면 된다.**
- **건강에 해롭지 않으면 된다.**

1년에 한 번만 섹스를 해도 만족하는 커플이 있다. 매일 세 번씩 섹스를 하는 커플도 있다. 가죽옷을 입고 포르노 영화를 보며 섹스를 하는 커플도 있다. 서로의 자위행위를 허용하는 수준을 넘어, 지켜보면서 만족을 느끼는 커플도 있다. 어떤 것이 옳고 적절한지는 각자가 판단할 일이다. 성행위로 인해 죄책감이 든다면 자신이 고수하는 규칙을 한 번 점검해봐야 한다. 그 규칙이 과연 자신의 삶에 맞는지, 앞으로도 지키고 싶은지 따져 물어야 한다. "지키고 싶다"라는 대답이 나온 다면 죄책감을 느끼는 행동을 바꾸어야 한다. 가령 자위를 하는데 자위하지 말라는 규칙을 고수하고 싶다면 그 행동을 포기해야 하는 것이다. 규칙이 적절하지 않다고 판단하여 자위를 계속하고 싶다면 규칙을 바꾸고 생각 바꾸기 과정을 거치면 될 것이다. 한 동안은 계속 죄책감이 들 테지만 얼마 안 가해방될 수 있을 것이다.

성에 관해서도 수많은 미신이 존재하고, 그것들이 우리의 감정과 행동을 조종한다. 가령 다음과 같은 것들이다.

1. 상대를 진실로 사랑한다면 상대가 뭘 좋아하는지 알아야 한다.
2. 상대가 욕구가 있을 때는 항상 만족시켜줄 수 있어야 한다.
3. 두 사람이 항상 동시에 욕구를 느껴야 한다.
4. 상대를 만족시킬 힘이 우리에게 있다. 그가 만족하지 못하면 우리 탓이다.
5. 항상 궁합이 딱딱 맞아야 한다.
6. 섹스를 할 때마다 오르가슴을 느껴야 한다. 상대도 항상 오르가슴을 느껴야 한다.
7. 오르가슴을 못 느끼면 진짜 남자/여자가 아니다.

미신이란 것이 의례 그렇듯 성과 관련된 미신들 역시 죄책감을 조장할 수 있다. 하지만 미신은 사실이 아니기 때문에 미신인 것이다. 사실은 다음과 같다.

1. 상대를 사랑한다고 해서 그의 성적 기호를 자동적으로 알 수 있는 건 아니다. 상대가 알려주거나 말을 해야 한다.

2. 상대가 욕구를 느낄 때마다 만족시켜줄 이유는 없다. 우리가 그럴 기분이 아니면 상대는 혼자서도 만족할 수 있다. 성행위는 양쪽 모두가 원할 때 나누는 것이다. 물론 욕구를 느끼기 위해 노력할 의무는 있다.

3. 두 사람이 항상 같은 시간에 욕구를 느끼리라는 기대는 비현실적이다. 몸이 아프거나 피로할 때, 스트레스에 시달리거나 고민이 있을 때는 욕구가 생기지 않는다. 상대가 우리랑 똑같은 시간에 똑같이 배가 고플 것이라 기대하지 않는 것과 같은 이치이다.

4. 상대를 만족시킬 능력이 우리에게는 없다. 그가 좋아할 행위를 하더라도 그가 만족하지 못할 수 있다. 흥분을 느끼려면 그 역시 그에 맞는 생각과 상상을 해야 한다. 어떤 상대는 우리와 몸을 섞어도 흥분을 못하지만 또 다른 상대는 많이 흥분할 수 있다. 이건 상대의 선호에 달려 있다.

5. 항상 궁합이 딱딱 맞아서 할 때마다 오르가슴을 느끼는 섹스는 존재하지 않는다.

6. 오르가슴이 성행위의 전부가 아니다. 서로의 몸을 쓰다듬고 사랑의 말을 주고받으며 서로를 위해 시간을 내는 것도 사랑을 확인하는 방법이다.

7. 오르가슴을 느끼건 못 느끼건 우리는 진짜 남자/여자이다. 그저 특정 시점에 절정을 경험하지 않을 뿐이다.

12

죄책감과 행동

해로운 행동을 몇 년씩 되풀이하면서도 그게 해로운 행동이란 것을 모르고 산다. 어느 날 문득 깨달음이 들어 변화를 추구한다면 다행이겠지만 도저히 손쓸 수 없는 상황이 되어서야 그 사실을 깨닫는 경우도 많다.

49세의 라르스는 세 번째로 알코올 중독 치료를 받은 후에 우리 상담실을 찾아왔다. 정말이지 이번에는 꼭 술을 끊고 싶다. "이젠 더 내려갈 데도 없어요. 돈도 다 떨어졌거든요." 그는 이렇게 자기 처지를 비관했다.

술 때문에 직장을 잃었고 아내도 떠났고 아이들도 연락을 끊었다. 지금 그는 임대주택에 살며 기초수급비를 받고 있다. 술독에 빠지기 전에는 보험회사 팀장이었다. 그는 자신에게 남은 길은 정신을 차리던가 아니면 자살을 하던가 둘 뿐이라고 했다.

술 때문에 소중한 것을 다 잃은 자신을 도저히 용서할 수가 없다고, 거울을 똑바로 쳐다볼 수도 없다고 괴로워했다.

라르스의 감정의 ABC

A 상황

라르스는 알코올 중독자이다. 기초수급비를 받고 있으며 가족과 연락이 끊겼고 빚도 있다.

B 라르스의 평가

나는 실패한 인생이다. 술 때문에 소중한 모든 것을 잃었다. 가족에게 해서는 안 될 짓을 했다. 그런 자신을 절대 용서할 수가 없다. 난 혐오스러운 인간이다.

C 감정과 행동

죄책감으로 괴롭고 자신이 밉다. 우울증이 심하다.

라르스의 마음을 두 가지 질문으로 점검해보면 그 결과는 다음과 같다.

라르스는 알코올 중독자이고 술 때문에 직장과 가족을 잃었으며 빚까지 졌다. 문제가 생길 때마다 다른 방도를 찾지 못해 술을 마셨기 때문이다. 이런 행동은 자신은 물론이고 주변 사람들에게 해를 끼쳤다. 그는 잘못된 행동에 책임이 있지만 그렇다고 혐오스러운 인간인 것은 아니다. 술을 문제 해결방안으로 사용했던 것은 실수였다. 하지만 그에게도 유익한 특성과 행동방식이 있다. 살면서 성공을 한 적도 있었고 능력을 발휘한 적도 있었다. 그러니 그에겐 술을 끊고 과거를 용서할 수 있는 능력도 있다. 죄책감으로는 과거를 돌이킬 수 없고 과거를 잊을 수도 없다.

자책은 실수를 만회하는 데 하등 도움이 되지 않는다. 오히려 다시 술을 찾거나 자살을 시도할 위험만 더 높인다. 그는 자기 행동에 책임을 지고 자신의 중독 증상을 시인해야 한다. 잘못을 용서하고 다시 자존감을 키울 방법을 찾아야 한다. 술을 왜 마셨던지, 술을 대신할 적절한 전략이 있을지 고민하여 찾아야 한다. 돌이킬 수 없는 실수도 있을 것이다. 하지만 그것 역시 과거로 받아들여야 한다. 그래야 새로운 삶을 시작할 수 있다. 과거에 대한 죄책감에 쏟을 에너지를 새로운 삶을 꾸려 가는데 투자해야 할 것이다.

중독과 가족

남편이나 아내, 자식이 중독에 빠지면 가족은 직접적인 타격을 입게 된다. 문제가 심각하다는 사실을 깨닫고 나면 가족을 구하기 위해 정말이지 온갖 방법을 총동원한다. 달래도 보고 설득도 해보고 야단도 치고 비난도 해본다. 하지만 남들에게는 가족의 잘못을 미화하고 은폐하려 애쓴다.

"우리 남편이 몸이 좀 안 좋아." "남편이 걱정이 많아서 그런 거야." "지금이라도 마음만 먹으면 당장 끊지." "원래 그 집안이 술을 잘 마셔."

중독치료센터나 상담센터에서 권하는 방법은 정반대이다. "당사자가 자기 행동의 결과를 느껴야 합니다. 술을 더 주고 취해도 내버려 둬서 빨리 끝을 보게 해야 합니다." "주변 사람들에게 알코올 중독이라고 알리세요." 하지만 이런 권유는 가족을 돕고자 하는 우리의 도덕적 원칙에 위배된다. 그래서 그런 충고를 따르다 보면 죄책감이 밀려온다. 머리로는 그게 옳다는 것을 잘 알면서도 왠지 가족을 배신하고 방치하는 것 같아 마음이 편치 않다.

이것 역시 앞에서 배운 생각 바꾸기 과정과 같다. 가족이 저 모양 저 꼴이 된 것이 우리 탓인 것 같은 기분이 들 때도 있다. 물론 비합리적인 생각이다. 가족이 아무리 못되게 굴었다고 해도 결국 술을 택한 것은 중독에 빠진 당사자이기 때문이다. 아무리 술독에 빠뜨리고 싶어도 당사자가 거부하면 도리가 없는 법이다.

사례 "애들을 봐서라도 내가 아프면 안 되는데."

32세의 카타리나는 두 아이를 키우는 이혼녀인데 심한 우울증 때문에 우리 상담실을 찾아왔다. 남편 마르쿠스는 아내와 아이들이 숨통을 조른다며 자기 갈 길을 가겠다고 이혼을 요청했다. 꿈에도 이혼을 생각해본 적 없는 카라티나에겐 세상이 무너진 것 같은 심정이었다. 그녀는 지금껏 자신이 뭘 잘못했는지 묻고 또 묻는다. 아침이면 도저히 정신이 들지 않아서 옆집 아줌마에게 아이들을 유치원 버스에 태워달라고 부탁한다. 아이들이 가고 나면 다시 침대로 기어들어 간다. 점심때가 되면 근처 사는 어머니가 와서 반찬을 해준다. 주변 사람들은 입을 모아 왜 그러고 있냐고 닦달을 한다. 애들을 생각해서라도 정신을 차려야 한다고, 이제 애들을 책임질 사람은 카타리나밖에 없다고, 아직 젊은데 남자는 또 찾으면 되지 않냐고 말이다. 떠나간 놈이 뭐 그리 대단한 인간이었냐고, 사실 살면서 해준 것도 없지 않냐고 말이다. 이런 비난을 들으면 죄책감이 더 심해진다.

매일 그녀는 정신을 차려야 한다고 다짐하지만 도저히 몸이 말을 듣지 않는다.

카타리나의 감정의 ABC

A 상황

남편 마르쿠스는 아내와 아이들을 버리고 떠났다. 카타리나는 우울증이 심해 아이들을 혼자 돌보지 못한다.

B 카타리나의 평가

애들에겐 내가 필요하다. 내가 정신을 차리고 애들을 보살펴야 한다. 이렇게 넋 놓고 있으면 안 된다. 내 인생은 끝장났다.

C 감정과 행동

죄책감, 우울증, 무기력, 절망감

카타리나의 마음을 두 가지 질문으로 점검해보자.

아이들에겐 엄마가 필요하다. 지금 아이들의 양육권은 카타리나에게 있다. 하지만 이 순간엔 그녀 혼자서 아이들을 보살필 수가 없다. 시점이 적절하지는 않고, 아이들한테도 유익하지 않겠지만 그녀는 지금 심한 우울증을 앓고 있다. 우울증은 의지로 극복할 수 있는 질병이 아니다.

카타리나는 지금 할 수 있는 최선을 다하고 있다. 옆집 아줌마와 어머니에게 도움을 청하고 있다. 그러니 인생이 끝장났다는 생각은 과장이다. 그녀는 이 순간 아이들을 위해 할 수 있는 일을 하고 있다. 예전 같았으면 더 잘 해냈을 것이다. 그러니 앞으로 우울증을 이겨낸다면 다시 아이들에게 많은 것을 해 줄 수 있을 것이다. 죄책감과 정신 차려야 한다는 요구는 도움이 안 된다. 그래 봤자 자책과 우울증만 더할 것이다. 그럴 수 없다는 것을 그녀가 누구보다 잘 알기 때문이다. 그러니 우선 우울증을 받아들이는 것이 필요하다.

우울증은 남편과의 이혼에 대한 그녀의 반응이다. 우울증을 극복하고 다시 자신감을 회복하기 위해서는 심리치료를 열심히 받아야 할 것이다. 일상에서 실현 가능한 소소한 현실적인 목표를 세워야 한다. 아이들이 방치되지 않도록 주변에 도움을 요청하는 것으로도 이미 그녀는 아주 잘하고 있는 것이다.

사례 "내 인생은 실패작이에요."

58세의 독신 여성 프리데리케는 구조조정의 여파로 희망퇴직을 했다. 그 일을 계기로 살아온 인생을 돌이켜보니 직장에 인생을 바쳤다고 해도 과언이 아니었다. 평생 친구도 별로 없었고 취미생활을 한 적도 없었다. 일에 미쳐 야근을 밥 먹듯 하다 보니 시간이 없었던 것이다. 두 번쯤 헬스클럽에 등록한 적은 있지만 자꾸 빼먹다가 결국 그만두고 말았다.

그런데 요즘 부쩍 손자를 손에 잡고 걸어가는 또래 여자들의 모습이 눈에 들어온다. 명절 때는 행복한 가족들의 모습이 보기 싫어 집 밖을 나가지 않는다. 일이 뭐가 그리 중하다고 결혼도 미루고 아이도 낳지 않았을까? 외로움이 밀려들 때면 마음에 회한의 물결이 휘몰아친다.

프리데리케의 감정의 ABC

A 상황

프리데리케는 명예퇴직을 했다. 남편도 없고 자식도 없고 취미도 없고 친구도 없다. 무척 외롭다.

B 프리데리케의 평가

일을 줄이고 결혼을 할 걸 그랬다. 무슨 영화를 보겠다고 일만 했을까? 내 인생은 실패작이다.

C 감정과 행동

죄책감, 자괴감, 우울증

그녀의 평가를 두 가지 질문으로 점검해보자.

프리데리케는 젊은 시절 일을 위해 결혼을 포기했다. 일이 너무 좋았고 회사에서 인정도 받았다. 그때는 결혼이나 자식보다 일이 우선이라고 생각했기에 그런 결정은 당연했다. 당시의 결정을 지금의 지식과 원칙으로 재단하는 건 의미가 없다. 이렇게 명예퇴직을 할 것이라고는 전혀 예상치 못했으니 말이다. 인생이 실패작이라는 생각은 과도한 결론이다. 그녀는 회사와 커리어를 위해 최선을 다했다. 덕분에 돈 걱정 없이 노후를 여유롭게 보낼 수 있다. 또 결혼을 해서 자식을 낳았다고 해서 더 만족하리라는 보장도 없다. 현상황에서 자책은 아무 도움이 안 된다. 오히려 넉넉한 노후와 여유 있는 은퇴생활의 즐거움을 망칠 뿐이다.

그럼 프리데리케는 어떻게 죄책감을 털어버릴 수 있을까? 당시의 결정을 받아들이는 법을 배워야 한다. 그녀는 일에서 인생의 보람을 느꼈기에 커리어에 모든 것을 걸었다. 그러니 괜히 걷지 않은 길을 이상화할 필요가 없다. 자식을 낳았다고 해서 그 자식이 손주를 안겨 주리라는 보장도 없고 노년에 외롭지 않다는 보장도 없다.

왜 과거에 결혼 대신 일을 택했던지 그 이유를 떠올려봐야 한다. 지금 와서 보니 잘못된 판단이었다는 고백은 지극히 정상이다. 인생의 한 면만 알았다는 것이 후회스러울 수 있다. 하지만 자책보다는 넉넉한 시간과 돈을 어떻게 활용하여 보다 만족스럽고 적극적인 노년을 보낼 수 있을지에 관심을 돌려야 옳다.

사례 "의사 말을 안 듣다가 꼴좋게 되었어요."

53세의 빅토르는 심근경색이 발생한 후 우리 상담실을 찾아왔다. 지금껏 건강만큼은 자신이 있었다. 그래서 몸을 혹사하여 하루 12-14시간을 일했고 담배도 무지 피웠으며 기름진 음식도 좋아했고 잘 쉬지도 않았다. 그래도 아무 문제없이 잘 살아왔다. 작은 사무실에서 시작하여 직원이 15명이나 되는 큰 규모로 사업을 키웠고 직원들과 고객들의 사랑을 듬뿍 받았다. 건강검진을 받을 때마다 의사들이 운동을 하고 체중을 줄이라고 조언했지만 의사들은 의례 그러려니 하며 흘려듣고 말았다. 심근경색이 발병하여 병원 신세를 지게 되자 그제야 너무 몸을 괴롭혔다는 생각이 들었다. 그리고 매사 철저한 성격답게 의사 말을 듣지 않았던 자신을 자책했다. "의사 말을 안 듣다가 불구가 되었어."

빅토르의 감정의 ABC

A 상황

의사가 빅토르에게 일을 줄이고 운동을 하라고 권했다. 하지만 말을 듣지 않다가 심근경색이 발병했다.

B 빅토르의 평가

의사 말을 안 들었으니 아파도 싸다. 난 이제 불구자다.

C 감정과 행동

죄책감, 자기 연민, 열등감

빅토르의 마음을 두 가지 질문으로 점검해본 결과는 이렇다.

빅토르는 의사 말을 듣지 않았다. 몸에 아무 이상이 없었고 사업은 성공가도를 달렸으며 사방에서 칭찬을 받았기 때문에 살던 대로 쭉 살았다. 잘 살고 있다고 확신했기에 심근경색이 발병할 줄은 꿈에도 예상하지 못했다. 그러니 나중에 자책을 하는 건 무의미하다. 잘못된 판단이었고 그래서 유감이지만 설사 심근경색을 일으키거나 심지어 목숨을 잃는다고 해도 인간은 잘못된 판단을 내리고 실수를 할 수 있다. 또 설사 의사 말을 들었다고 해도 심근경색이 발병하지 않았으리라는 보장은 없다. 불구가 되었다는 생각은 과장이다. 사지가 멀쩡한데 무슨 불구인가? 심근 경색을 일으켰다고 해도 예전과 별 다를 것 없이 살 수 있다.

죄책감을 느끼고 자책을 한다고 해서 없었던 일이 되는 것도 아니며, 오히려 스트레스만 더 심해진다. 빅토르는 잘못을 받아들여야 한다. 그래야 가벼운 마음으로 앞으로 어떻게 살아갈지 고민할 수 있다. 일을 줄이고 식습관을 고치고 운동을 많이 하고 여가를 즐기고 싶은가? 그는 심근경색의 재발을 막고 삶의 질을 높이기 위해 최선을 다할 수 있다. 심근경색을 기회로 삼아 경험해보지 못한 삶의 새로운 영역에 도전해볼 수 있을 것이다.

실직과 채무

일자리를 잃거나 경제적으로 어려워 빚을 내게 되면 심한 죄책감을 느끼는 사람들이 많다. 이것 역시 우리가 배운 규범과 가치관 때문이다.

1. 일하지 않는 자는 가치가 없다.
2. 실직한 건 제 탓이다.
3. 빚을 지지 말아야 한다. 빚을 지면 실패한 인생이다.

이런 규범을 마음에 새긴 채 살아왔다면 이제 앞의 두 가지 질문을 이용해 이런 규범의 정당성을 점검해봐야 한다.

일자리를 잃었다고 해서 그 사람의 가치가 달라지는 건 아니다. 일자리는 잃었어도 그의 성격과 능력은 달라지지 않는다. 세계 경제가 불황에 빠지면, 갑자기 회사 사정이 어려워져 구조조정을 한다면 아무리 능력 있는 사람도 일자리를 잃을 수 있다. 또 설사 직장이 마음에 들지 않아 사표를 내거나 잘못을 저질러 해고를 당했다고 해도 죄책감은 적절치 않다. 일자리를 잃은 것으로 자기 행동의 책임을 진다면 그것으로 족하다. 괜히 죄책감에 에너지를 허비하지 말고 어떻게 하면 자신에게 맞는 일자리를 찾을 수 있을지 혹은 어떻게 해야 실수를 예방할 수 있을지 고민해야 한다.

우리가 빚을 지는 데에는 여러 가지 이유가 있다. 대표적으로 두 가지를 꼽아보자.

① 상황을 잘못 예측하여 빚을 진다. 가령 빨리 갚을 수 있을 것이라 예상했거나 연봉이 오르거나 자산의 가치가 오르리라 예상했는데 그렇지 않았다.

② 심리적으로 문제가 있다. 게임중독이나 쇼핑 중독에 빠졌다.

두 경우 모두 죄책감은 소용없다. 죄책감을 느낀다고 해서 빚이 줄어드는 것도 아니고 앞으로 또 빚을 지지 않을 것도 아니다. 오히려 죄책감 때문에 빚을 숨길 것이고, 불법 대출에 손을 대어 사태를 손 쓸 수 없이 악화시킬 수도 있다. 우울증에 빠질 수도 있다. 그보다는 자신의 잘못을 인정하고 해결방안을 찾는 것이 더 바람직하다. 이자가 저렴한 국가의 대출 지원 서비스를 알아보거나, 게임중독이나 쇼핑 중독의 경우 심리상담을 받아야 한다. 빚이 있다고 해서 나쁜 사람이거나 인생의 패배자인 것은 아니다. 그저 특정한 이유에서 잘못을 저질렀을 뿐이다.

사례 "이혼을 하지 말걸."

43세의 마르틴은 35세 때 10년을 함께 산 아내와 이혼을 했다. 그날이 그날인 따분한 일상, 똑같은 모임과 똑같은 산책이 지겨워졌기 때문이다. 죽을 때까지 이렇게 살아야 한다는 생각을 하니 가슴이 답답했다. 마침 회사에 22살의 젊은 여직원이 들어왔는데 그녀와 사랑에 빠졌다. 매사 즉흥적이고 인생을 한껏 즐기는 그녀가 자신과 딱 맞는 짝인 것 같았기 때문이다. 하지만 시간이 갈수록 너무나 즉흥적인 그녀가 힘에 부치기 시작했다. 그녀는 약속을 펑크내기 일쑤였고 경제관념도

263

없어서 돈도 기분 내키는 대로 마구 써댔다. 걸핏하면 딴 남자를 만나러 나가니 바람은 안 피울까 걱정도 되었다. 그러던 차에 여자 친구가 갑자기 사표를 던지고 회사를 그만두었고 그에게도 결별을 선언했다. 이별의 아픔도 견디기 힘들었지만 무엇보다 자책이 그를 괴롭혔다. "어쩌자고 이혼을 했을까? 그런 착한 여자에게 고통을 안겼으니 나 같은 건 도저히 용서받을 수 없는 인간이야."

마르틴의 감정의 ABC

A 상황

마르틴은 젊은 여자와 같이 살려고 아내와 이혼을 했다.

B 마르틴의 평가

어쩌자고 이혼을 했을까? 그런 착한 여자에게 고통을 안겼으니 나 같은 건 도저히 용서받을 수 없는 인간이다.

C 감정과 행동

죄책감, 잡생각, 위장병, 수면장애, 집중력 장애.

두 가지 질문으로 그의 마음을 점검해보면 다음과 같은 결론이 나온다.

마르틴은 아내를 버렸다. 당시엔 충분한 이유가 있다고 생각했다. 버림받은 아내가 얼마나 고통스러웠을지 당시엔 상상할 수 없었다. 경험도 없었고 무엇보다 철이 없었다. 지금은 그도 많이 달라졌다. 하지만 지금의 시각에서 당시의 행동을 단죄하는 건 유익하지 않다. 나이가 들면 달라지리란 걸 그땐 알 수 없었다. 지금이라면 다른 결정을 내릴 테지만 이젠 후회해도 되돌릴 수 없다. 자신의 잘못을 용서할 수 있을지는 전적으로 그의 결정이다.

용서받을 수 없는 잘못이란 없다. 무엇이든 똑바로 잘해야 한다고 생각할 때에만 잘못이 자책이 된다. 지금 마르틴에겐 자책이 아무 도움이 안 된다. 자책으로 인해 몸만 아플 뿐이며 생각이 과거에서 벗어나지 못한다. 그러니 이혼하겠다는 당신의 결정을 용서하여야 한다. 지금은 후회되지만 당시엔 그것이 옳았다. 잘못을 용서해야만 새로운 관계를 맺을 수가 있다. 두 번의 경험으로 그도 이제 진짜 중요한 것이 무엇인지 알았으니 말이다.

13

죄책감과 타인의 죽음

자신의 행동으로 다른 사람이 죽었다면 특히 죄책감이 클 것
이다.

52세의 디르크는 퇴근하는 길이었다. 겨울이었고 벌써 땅거미가 져서 어둑어둑했다. 그날따라 하루가 고단했다. 퇴근 직전에 미팅까지 마쳤다. 머릿속에선 여전히 미팅의 주요 안건들이 맴돌았다. 회사는 구조조정을 앞두고 있었고, 해고 대상자를 결정할 권한이 그에게 있었다. 하지만 그도 남에게 못할 말을 함부로 할 수 있는 사람이 아닌지라 마음이 복잡했다. 집을 100미터 정도 앞둔 지점에서 오른쪽으로 커브를 틀었다. 그 순간 커브 구간에 주차해둔 차 앞쪽에서 갑자기 작은 꼬마가 튀어나오더니 그의 차 앞으로 달려들었다. 너무 순식간에 일어난 일이라 브레이크도 소용이 없었다. 아이는 공중으로 붕 떠올랐다 털썩 땅에 떨어졌다. 그리고 며칠 후 병원에서 눈을 감았다.

그날 이후 디르크는 일을 할 수가 없다. "사람을 죽였어요. 그런 죄를 짓고 어떻게 살 수 있을까요?" 그는 내게 이렇게 한탄했다. 과속을 한 것도 아니었고 경찰 조사 결과 그의 잘못이 없었던 것으로 밝혀졌지만 그는 자책과 고민에서 빠져나오지 못한다. "내가 한 생명을 죽였다." 이런 자책이 머리를 떠나지 않는다.

디르크의 감정의 ABC

A 상황

디르크는 어린 꼬마를 차로 치여 사망케 했다.

B 디르크의 평가

조금 더 주의를 할 걸 그랬다. 딴생각을 안 하고 운전에만 집중했더라면 대응을 더 빨리 했을 거고 아이는 살았을 것이다. 내가 아이를 죽였다.

C 감정과 행동

죄책감, 자괴감, 절망에 빠져 일을 할 수가 없다.

디르크의 평가와 결론을 앞의 두 가지 질문으로 따져 물어보자.

아이가 차에 치여 중상을 입었고 병원으로 옮겼으나 사망했다. 사고가 일어난 것은 도로가 앞을 볼 수 없는 커브였고 디르크가 막 커브를 돌 때 아이가 앞을 보지 않고 도로로 뛰어들었기 때문이다. 커브길, 아이의 부주의, 잘못 주차한 차, 어둠 등 디르크도 어쩔 수 없는 여러 가지 불행한 상황이 겹친 결과였던 것이다. 그는 미래를 내다볼 수 없었고 아이가 뛰어나오리라 예상치 못했다. 딴생각을 하지 않았다고 해서 결과가 달라졌을지는 의문이다. 더구나 디르크가 회사 일로 고민을 할 이유는 충분했다.

아이를 죽였다는 그의 자책은 사실이 아니다. 그건 마치 사고의 책임이 그 혼자에게 있다는 주장처럼 들린다. 그는 비극적인 사고에 관여했다. 하지만 자책하고 죄책감을 느낀다고 해서 그 일을 돌이킬 수는 없다. 오히려 책임이 막중한 회사 업무를 방해할 뿐이다. 그가 펼칠 수 있는 능력이 물거품으로 돌아갈 수도 있다. 자책을 한다고 해서 아이가 살아 돌아올 것도 아니다. 그러니 자신에게 진실을 말할 수 있어야 한다. 불행하게도 아이가 도로로 뛰어든 그 시각에 그의 차가 같은 장소에 있었다. 그것이 진실이다. 슬픈 일이지만 그렇다고 그가 사악한 범죄자인 것은 아니다.

그는 완벽하지 않고 앞일을 예상할 수 없다. 자책하기보다는 어린이 교통안전을 위해 다각도로 노력하는 등 건설적인 방향으로 죄책감을 덜 수 있는 방안을 찾아야 할 것이다.

사례 "낙태를 했어요."

41세의 파트리샤는 두 아이가 있는 상태에서 또 임신을 했다. 남편은 셋째 아이를 낳는 것에 결사반대였고 그녀도 확신이 서지 않았다. 얼마 전 부부는 대출을 받아 집을 샀다. 남편

수입으로는 대출을 갚기가 힘들었지만 아이 둘이 조금만 더 자라면 파트리샤도 취업을 할 예정이었으므로 과감하게 결단을 내렸다. 그런데 셋째 아이가 태어난다면 이 모든 계획이 일그러질 것이고, 두 번 다 난산 끝에 어렵게 출산을 한지라 산모의 건강도 염려스러웠다. 그래서 결국 파트리샤는 낙태를 받기로 결정을 내렸다. 그런데 집으로 돌아오는 길에 죄책감이 밀려들었다. 셋째 아이가 있었어도 어떻게든 살지 않았을까? 너무 경솔한 판단은 아니었을까? 그 아이도 날 찾아온 생명인데…… 난 자기 아이를 죽인 양심 없는 엄마일까? 낙태방지법을 둘러싼 언론의 설전이 그녀의 죄책감을 더했다. 남편에게는 하소연을 해봤자 소용없었다. 남편의 태도는 여전했다. "태어나지도 않은 아이를 가지고 왜 그리 야단이야." 그래서인지 파트리샤는 내게 자기 마음을 터놓고 말할 수 있어서 너무 좋다고 했다.

파트리샤의 감정의 ABC

A 상황
파트리샤가 낙태를 했다.

B 파트리샤의 평가
자식을 죽이다니 너무 경솔했다. 난 양심도 없는 엄마이다.

C 감정과 행동
죄책감과 자괴감이 들고 말할 데가 없어 외롭다. 남편과 다툰다.

두 가지 질문을 이용해 점검을 해보자.

파트리샤는 낙태를 했다. 오랫동안 고민한 끝에 셋째 아이를 낳지 않기로 결정했다. 가족을 위해, 자신을 위해, 자신의 건강을 위해 내린 결정이었다. 그녀는 양심 없는 인간이 아니다. 양심이 없다면 자신이 잘못했다는 생각조차 하지 않을 것이다. 아이를 낳았어도 괜찮았겠다는 생각이 든다고 해서 자신을 비난할 필요는 없다. 후회되는 잘못된 결정을 내렸지만 자책이 상황을 개선시킬 수는 없다. 괜히 남편과 다투게 되고 아이들에게 짜증을 부리게 될 것이다. 파트리샤는 죄책감은 뉘우침으로 바꿀 수 있다. 결정을 받아들이는 법을 배울 수 있다. 낙태를 결정한 시점에는 그러지 않을 이유보다 그럴 이유가 더 많았다. 낙태에 관해서는 의견이 엇갈린다. 사람에 따라, 문화권에 따라 낙태를 다른 눈으로 본다. 그러니 그건 오직 그녀의 개인적인 결정이다. 그녀에겐 지금의 관점에서 잘못된 결정도 내릴 권리가 있는 것이다.

"사람을 죽여도 좋다는 말인가요?" 이렇게 반박할 독자도 있을 것이다. 좋다는 말이 아니라 바르게 평가하자는 말이다. 한 사람이 자신도 어쩌지 못하는 사고로 다른 사람을 죽인다면 죄책감은 아무 소용이 없다. 술을 너무 많이 마셨거나 교통규칙을 위반했거나 고장 난 자동차를 몰고 나갔거나 약을 털어먹고 운전을 해서 사람을 죽였다면 자기 행동에 책임을 져야 하고 법적으로도 처벌을 받을 확률이 높다. 그런 경우엔 당연히 잘못을 시인하고 뉘우쳐야 옳다. 성폭행이나 살인도 마찬가지이다. 나는 자유의 한계는 타인의 생명에서 끝나야 한다고 확신하는 사람이다. 사람을 죽이는 행위는 절대 용서받을 수 없다. 종교 전쟁도, 정치도, 그 어떤 것도 살인을 정당화할 수는 없다. 하지만 이런 확신을 죄책감으로 입증할 수는 없다. 죄책감은 당사자가 죄책감으로부터 아주 구체적인 변화를 끌어낼 때에만 의미가 있다. 죄책감을 느끼지 않는다고 해서 그 행동을 인정하거나 지지하는 건 아니다. 죄책감을 느낀다고 해서 달라지는 것도 아니다. 이 하나만은 확실하다. 자유의 한계가 타인의 생명에서 끝난다는 나의 소신이 아무리 굳건하다 해도 그 소신이 깨지는 상황이 올 수도 있다는 사실 말이다. 고문을 당하면, 배가 너무 고프면, 생명이 위태롭다면 내가 무슨 짓을 저지를지 나도 감히 예상할 수가 없으니 말이다.

혼자 살아남았다는 죄책감

끔찍한 사고에서 혼자 살아남은 사람들은 평생 죄책감에 시달릴 확률이 높다. 이런저런 생각이 죄책감을 유발하기 때문이다.

1. 나보다 그들이 더 살 자격이 있는 사람들이야.
2. 내가 이런 행운을 누릴 자격이 있는 사람일까?
3. 내가 죽었다면 그들이 살 수도 있었어.
4. 그들을 구해야 했는데 그러지 않았어.
5. 이기적이어서 살아남은 거야. 난 이기적인 인간이야.
6. 내 잘못으로 그들이 죽었어.

하지만 이 경우도 마찬가지이다. 죄책감은 죽은 사람들을 되살릴 수 없다. 죄책감은 건강하지 못한 비현실적인 생각이 불러온 것이기에 생각을 다음과 같이 바꾸면 죄책감도 털어낼 수 있을 것이다.

1. 왜 그들이 더 살 자격이 있단 말인가? 모든 인간은 똑같이 가치 있는 존재이다.

2. 세상은 정의롭지도 공평하지도 않다. 내가 살아남은 것은

273

모든 조건이 맞았기 때문이다.

3. 그건 그저 가정에 불과하다. 내가 죽었다고 다른 사람들이 살았을지 누가 알겠는가? 내가 운이 좋았던 것이다. 나의 행동이 세상만사를 조종할 수는 없다.

4. 5. 구할 수 있었는데 그러지 않았다면 그건 뉘우쳐 마땅한 잘못이다. 하지만 자책할 이유는 없다.

6. 나는 그 순간 옳다고 생각한 대로 행동했다. 나중에 보니 잘못이었고 그래서 후회스럽다.

14
죄책감과 환경

세상 어딘가에선 지금도 전쟁을 하고 화산이 폭발하고 테러가 일어나고 사고가 발생하며 굶주리는 아이들이 있다. 이런 뉴스에 반응하는 방식은 크게 3가지로 나뉜다.

1. 남의 고통은 내 알바 아니다.

- 내 일이 아니니 얼마나 다행이야.
- 다 제 잘못이지.
- 나하고 무슨 상관이야.
- 저래도 안 죽어. 알아서 잘 살 거야.
- 인구도 많은데 좀 줄이는 것도 괜찮지.
- 내 인생도 고달파.
- 좋은 일은 충분히 하고 있어.
- 내가 힘들어도 아무도 안 도와줄 거야.
- 내가 나서 봤자 저 사람들한텐 별 도움도 안 될 거야.

2. 죄책감만 느낄 뿐 아무것도 하지 않는다.

- 저렇게 힘들게 사는데 나도 뭐라고 해야 할 텐데……
- 뭐라도 해야 할 것 같지만 뭐 내가 한들 달라지겠어?
- 나도 마땅히 동참해야지만 지금은 좀 곤란해.
- 내일 이러저러하면 나도 동참할 거야.

3. 죄책감 없이 행동에 나선다.

- 내가 할 수 있는 게 뭘까?
- 세상이 조금이라도 나아지려면 나부터 나서야 해.

- 나도 어려울 수 있고 도움이 필요한 때가 올 수 있어. 그러니 형편이 좋을 때 도와야지.
- 누구나 출발의 첫걸음을 뗄 수 있어. 그러니 내가 먼저 시작해야지.

그렇다. 변화를 위해 죄책감이 꼭 필요한 건 아니다. "남들은 저렇게 어려운데 나는 이리 편하게 살아도 될까?" 이런 생각이 남들에게 무슨 도움이 되겠는가? 자신의 상황을 남과 비교하고, 그들이 나보다 힘들다는 사실을 확인한 후 "타인의 불행이 나와 무관하지 않으니 나도 무언가 할 수 있다"는 자세만 있다면 우리는 충분히 바뀔 수 있다. 환경오염 문제에서도 죄책감은 무용하다. "재활용을 잘해야 할 텐데……", "배터리를 쓰레기봉투에 그냥 넣으면 안 되지만 다음부터 잘하지 뭐." 이런 태도로는 환경이 더 깨끗해질 수 없다. 죄책감이 어떤 기능을 하는지 잘 살펴보라. 변명은 의미 없다. "음식을 남겨 버리는 것도 아닌데 뭐. 더 이상 뭘 어쩌라고?" 이런 반항적인 태도에서도 죄책감의 냄새가 묻어난다.

15

요점 정리

책을 읽다 보면 특히 마음을 움직이는 구절이 있다. 당신이 어떤 곳에서 감동을 받고 생각을 바꾸었는지 알 수 없기에 다시 한번 가장 중요한 내용들을 골라 정리를 해보려 한다. 각 항목 끝에는 그 구절이 실린 단락을 표시하였다. 더 자세히 보고 싶다면 그곳으로 가서 다시 한번 찬찬히 읽어보면 좋을 것이다.

1부

1. 죄책감은 우리가 자신의 도덕적 가치관에 위배되는 잘못된 행동을 했기 때문에 생기는 것이 아니다. 죄책감은 우리가 내린 평가와 결론에서 나온 결과이다. 우리가 우리의 생각, 감정 혹은 행동을 잘못이라 평가하고 그것을 단죄할 때면 항상 죄책감이 밀려든다. 후회하고 뉘우칠 때는 우리 행동을 잘못이라 생각하지만 우리를 나쁜 인간이라 단죄하지는 않는다. (1.1 -1.4)

2. 우리는 어릴 적에 익힌 가치관에 어긋난 행동을 하거나 남에게 상처를 줄 때면 항상 마음에서 죄책감을 불러내라고 배웠다. (1.3)

3. 행동의 기준으로 삼는 규범과 규칙은 부모님, 사회, 종교, 우리 자신이 정한 것이다. 규칙들끼리 서로 충돌하는 경우도 많으며, 규칙이라고 해서 다 유익하고 상황에 맞는 것도 아니다. (1.5)

4. 죄책감을 불러오는 독백은 늘 같은 도식을 따른다. "나의 행동은 틀렸다.", "그 말, 그 생각, 그 행동을 하지 말 걸 그랬다. 그런 감정은 느끼지 말 걸 그랬다.", "그런 말, 행동, 생각은 하지 말아야 하고 그런 기분은 느끼지 말아야 한다.

그런데도 내가 그렇게 말하고 행동했으니 난 나쁜 인간이다." (1.3과 1.4)

5. 죄책감은 도움이 안 된다. 죄책감을 느끼면 자존감이 떨어져 남에게 조종당하기 쉽다. 죄책감을 느낀다고 해서 잘못이 없었던 일이 될 것도 아니고 우리의 행동을 고치거나 앞으로 예방할 수 있는 것도 아니다. 오히려 죄를 부인하고 남에게 책임을 떠밀고 우울증에 빠지고 병에 걸리고 중독에 빠질 수 있다. 잘못의 책임을 스스로 지고 뉘우치기만 해도 충분히 행동을 고치고 실수를 만회할 수 있다. (2.3-2.5)

6. 죄책감을 못 느낀다고 해서 자기 잘못을 용인하거나 도덕적 원칙이 없는 건 아니다. (3.2)

7. 죄책감을 느낀다고 해서 꼭 실수를 저지른 것은 아니다. 죄책감은 평가와 결론의 결과물이다. 따라서 적절치 않은 때도 많다.

8. 죄책감을 불러오는 잘못된 생각들
   - 잘못을 저지를 당시에 앞날을 내다볼 수 있기를 요구한다.
   - 잘못인 줄 알면서도 행동할 수 있기를 요구한다.
   - 행동뿐 아니라 인간으로서의 가치도 단죄한다.
   - 우리도 어찌할 수 없는 일이 우리의 행동과 인격을 결

정한다고 생각한다. 우리가 통제할 수 없는 것도 우리
책임이다.

- 지금의 기준과 관념으로 과거의 행동을 재단한다. (4)

9. 누구보다 빨리 죄책감에 빠져드는 사람들은 아래와 같은
특징이 있다.
- **완벽주의**
- **자괴감과 열등감**
- **남의 문제와 고통에 민감하고 그 책임을 떠맡는다.**
- **남의 감정을 자신의 행동으로 조종할 수 있다고 생각한다.**

우리 사회의 교육은 여성들을 죄책감에 취약하게 만든다.
(5)

10. 언제 어디서나 올바르게 행동하려 무진 애를 써도 그 노력
이 항상 성공하지는 못한다. 이유는 다음과 같다.
- **무지와 경험 부족**
- **심리적 문제**
- **가치관의 충돌**
- **가치관의 변화**
- **서로 다른 시각과 욕망**

따라서 자신에게 완전무결을 바라고 잘못을 저지를 때마

다 단죄라는 건 의미가 없다. 남에게 절대 상처를 주지 않고 부정적인 감정을 일깨우지 않겠다는 욕심도 과하다. 남들의 감정과 행동은 그들의 책임이다. (6)

11. 죄책감을 벗어던지고 싶다면 우리의 평가와 결론을 수정하고 새로운 자세를 새겨야 한다. 그러자면 생각 바꾸기의 5단계를 거쳐야 한다. 한 동안 스스로를 속이고 있으며 일부러 그런 척하고 있다는 기분이 들어도 걱정하지 마라. 지극히 정상적인 과정이니 말이다. (3.3)

2부

12. 죄책감을 털어버리고 싶다면 우선 감정의 ABC로 상황을 살펴보는 것이 좋다. 사건을 아래와 같이 나누는 것이다.

A 상황

무슨 일이 일어났는가? 나는 무슨 행동, 생각, 말을 했고 어떤 기분을 느꼈는가?

B 평가

내가 한 행동, 생각, 말, 내가 느낀 감정에 대해 나는 어떻게 생각하는가? 그것이 내게 무슨 의미가 있는가?

C 감정과 행동

그로 인해 나는 어떤 기분이고 어떤 행동을 하는가?

(1.3과 7.1)

13. 죄책감은 그릇된 평가와 결론의 결과물이기 때문에 사고 과정의 정당성과 적절성을 점검해야 한다. 이때 아래의 두 가지 질문이 도움이 된다.
   * **나의 평가와 결론은 사실과 일치하는가?**
   * **나의 평가와 결론이 내가 바라는 기분과 행동으로 나를 이끌어 주는가? (7.1)**

14. 어떤 범죄를 저질렀더라고 해서 그의 인간 전체를 거부해서는 안 된다. 잘못을 깨닫고 뉘우치고 책임을 지는 것만으로 충분하다.

3부

15. 무슨 잘못을 저질렀다 해도 죄책감은 극복할 수 있다. 죄책감은 자신과의 대화가 낳은 결과일 뿐이므로 우리가 백 퍼센트 통제할 수 있다.

나가는 글

이제 종착지에 도착했다. 당신은 지금껏 죄책감에 대해 많이 배웠고 내 인생 원칙에 대해서도 많이 알았을 것이다. 그모든 것들을 순순히 따르기란 쉽지 않았을 것이다. 곳곳에서 거부감이 들고 짜증이 치밀어 올랐을 수도 있다. 그럼에도 여기까지 묵묵히 함께 와준 당신에게 감사 인사를 전하고 싶다.

당신이 그동안 지켜왔던 많은 관념들에 내가 물음표를 찍었을 것이다. 하지만 당신에겐 당신의 관념대로 살 권리가 있다. 그러니 책을 덮고 다시 예전처럼 살 수도 있다. 그럼 당신의 인생은 조금도 달라지지 않을 것이고 앞으로도 계속 죄책감을 등에 지고 살아갈 것이다. 그저 잠깐 짬을 내어 나와 함께 다른 시각을 알아본 것뿐이었으니 말이다.

반대로 이런저런 자세를 바꾸겠노라 결심할 수도 있다. 그럼 생각 바꾸기 과정이 시작될 것이다. 어쩌면 또 다른 죄책감이 생길 수도 있다. 여태 죄책감을 털어내지 못했다는 죄책감말이다. 그럴 땐 기억하라. 생각 바꾸기는 5단계를 거치는 기나긴 과정이란 것을 말이다. 해묵은 프로그램이 완전히 삭제될 때까지는 계속해서 "이러저러했어야 했다"는 생각의 덫에 걸려들 것이다. 과거의 프로그램과 새로운 프로그램이 격론을 벌일 것이다. 아무리 열심히 노력한다고 해도 연신 과거의 자세가 되돌아와 놀랄 것이다. 그럴 때마다 환영한다, 인사하고 관심을 거두어라. 그럼 마음의 평화를 향해 한 걸음 더 나아갈 수 있을 것이다. 잊지 마라. 당신이 생각과 감정, 행동을 결정한다. 힘껏 노력하여 마음의 평화를 되찾고 있는 그대로의 자신을 받아들일 수 있기를 바라는 바이다.

도리스 볼프

죄책감 내려놓기

초판 1쇄 발행 ǀ 2022년 2월 7일
개정판 1쇄 발행 ǀ 2026년 2월 23일
지은이 ǀ 도리스 볼프
옮긴이 ǀ 장혜경
펴낸이 ǀ 권영주
펴낸곳 ǀ 생각의집
디자인 ǀ design mari
출판등록번호 ǀ 제 2024-000222호
주소 ǀ 경기도 고양시 일산서구 강선로 49
전화 ǀ 070·7524·6122
팩스 ǀ 0505·330·6133
이메일 ǀ jip201309@gmail.com
ISBN ǀ 979-11-93443-25-5(03180)